INSTRUCTION ÉLÉMENTAIRE

SUR

LA CONDUITE ET LA TAILLE

DES ARBRES FRUITIERS.

S

Tout exemplaire non revêtu de ma signature est réputé contrefait.

INSTRUCTION ÉLÉMENTAIRE

SUR

LA CONDUITE ET LA TAILLE

DES

ARBRES FRUITIERS

CONTENANT

LES INDICATIONS SUCCINCTES ET PRÉCISES QUI PEUVENT GUIDER D'UNE MANIÈRE
SURE DANS LA PLANTATION, LA GREFFE, L'ENTRETIEN ET LA TAILLE
DE TOUS LES ARBRES A FRUITS DE TABLE,

Par une méthode simple, facile et basée sur les lois de la physiologie végétale
et les exigences de la végétation naturelle à chaque espèce,

PAR M. CROUX,

HORTICULTEUR-POMOLOGISTE ;

AVEC 51 FIGURES EXPLICATIVES

DESSINÉES ET GRAVÉES D'APRÈS NATURE.

OUVRAGE COURONNÉ D'UNE MÉDAILLE D'ARGENT GRAND MODULE
PAR LA SOCIÉTÉ CENTRALE D'HORTICULTURE DU DÉPARTEMENT
DE LA SEINE-INFÉRIEURE,

A ROUEN.

CHEZ L'AUTEUR,

A LA FERME DE LA SAUSSAYE, PAR VILLEJUIF (SEINE);

A PARIS,

CHEZ MADAME VEUVE BOUCHARD-HUZARD, IMPRIMEUR-LIBRAIRE,

RUE DE L'ÉPERON, 5;

Et chez tous les libraires et marchands grainiers.

—

1852

INTRODUCTION.

On s'étonnera peut-être que j'aie cru être utile en publiant cette instruction élémentaire sur la conduite et la taille des arbres fruitiers, si l'on considère la grande quantité d'ouvrages existants sur ce sujet. Mais, si l'on réfléchit que le plan que je me suis imposé a été d'éviter les défauts que les connaisseurs signalent, on reconnaîtra que mon travail peut présenter aussi un intérêt qui n'est pas sans mérite.

Je me suis, en effet, borné à ne rien dire qui ne fût absolument nécessaire à la culture et à la taille des arbres fruitiers; j'ai évité ainsi les longueurs de certains auteurs, et j'ai cependant embrassé complétement l'ensemble de mon sujet, ce que n'ont pas fait certains autres qui, ne s'occupant que d'une spécialité, ont forcé leurs lecteurs à recourir à plusieurs livres pour acquérir toutes les connaissances dont ils avaient besoin.

Un pareil travail pouvait m'être plus facile qu'à un autre. Fils et petit-fils de pépiniériste, depuis long-

temps chef d'un établissement cultural, obligé, par
état, de me rendre compte incessamment des progrès
incontestables qu'ont faits, depuis plusieurs années, la
culture et la taille des arbres fruitiers, j'étais dans une
position favorable pour en apprécier le mérite et pour
séparer l'ivraie du bon grain.

Jaloux de mettre entre les mains des travailleurs un
livre qui, quoique succinct, fût pour eux un guide sûr
dans leur pratique, je l'ai restreint à l'exposé clair et
précis des principes fondamentaux et essentiels, et à
la description positive des opérations qui servent de
base à la plantation, à la greffe et à la taille ; j'en ai
élagué tout ce qui ne pouvait apporter aucune lumière nouvelle, et n'était propre qu'à le grossir sans
profit. C'est, en un mot, un résumé des observations
que j'ai recueillies depuis nombre d'années, et notam-
ment dans mes cours sur la culture des arbres fruitiers,
où le professeur trouve parfois l'occasion de s'éclairer
par les remarques judicieuses qui lui sont faites souvent. Il existe dans mon jardin-école des sujets con-
duits selon les principes que j'adopte, et, après m'avoir
servi à expérimenter les avantages de la méthode que
je professe, ils ont été les modèles que j'ai fait dessiner
et graver. C'est la marche de la nature et la croissance
successive de ces sujets qui m'ont donné l'ordre des
opérations que j'ai décrites : c'est pourquoi je suis pas à
pas la végétation de l'arbre dont je guide, aide ou mo-

dère le développement selon les circonstances, et c'est ainsi que je débute par indiquer la meilleure manière de creuser les trous, de faire la plantation, après avoir choisi les sujets qui conviennent le mieux à la greffe, la nature du terrain qui leur plaît et l'exposition qui leur convient; j'arrive enfin à l'application de la forme sous laquelle on veut les dresser, et je la conduis, jusqu'à ce qu'elle soit complète, par les opérations successives que réclame chaque année.

Cette manière de présenter le travail annuel selon l'ordre dans lequel il a lieu dans la pratique par l'effet de la rotation des saisons, et conformément à l'âge de l'arbre et aux exigences des formes qu'on lui impose, permet de connaître parfaitement ce que l'on doit faire à un sujet d'un âge et d'une forme donnés en raison de l'époque où l'on se trouve. Cette méthode a, de plus, l'avantage de faire reconnaître à l'instant, par la comparaison de la nature à mes prescriptions, si l'arbre dont on s'occupe remplit les conditions exigées ou s'il a des défauts qu'il faille corriger, soit qu'ils résultent d'une application mal comprise de mes principes, ou qu'ils proviennent d'opérations faites d'après des préceptes différents de mon enseignement.

Quel que soit le jugement que le public portera de mon ouvrage, j'ai la conscience d'avoir fait tous mes efforts pour le rendre vraiment utile; je serai heureux si j'ai réussi autant qu'il est permis à l'homme d'atteindre le but qu'il se propose. Déjà la Société centrale d'horticulture de la Seine-Inférieure, qui compte dans son sein tant d'arboriculteurs renommés par une pratique justement et généralement estimée, a bien voulu honorer d'une grande médaille d'argent ce travail que je lui ai soumis. C'est pour moi une récompense précieuse de mes efforts, et qui m'encourage vivement à les continuer ; aussi je suis prêt à donner, sur le terrain et en présence des arbres qui ont servi de modèles aux figures que j'ai jointes à mon livre, les explications qu'on pourrait désirer.

CROUX.

VOCABULAIRE,

PAR ORDRE ALPHABÉTIQUE ,

DES

TERMES RELATIFS A LA TAILLE.

Aubier. Ce sont les couches ligneuses les plus jeunes et les plus extérieures placées entre le liber et le bois parfait.

Bifurcation. Division d'une branche en deux, par le développement d'un œil inférieur en bourgeon, ou par la croissance d'un des deux yeux stipulaires qu'on laisse rivaliser avec le terminal.

Branches. Résultat d'un rameau parvenu à son entier développement et chargé de ramifications âgées au moins d'une année.

Branches charpentières. Branches qui constituent le corps et les bras d'un arbre.

Branches mères. Branches charpentières principales qui prennent naissance sur le tronc de l'arbre, qu'elles divisent en deux parties égales.

Branches secondaires inférieures. Branches charpentières placées *au-dessous* des branches mères, sur lesquelles elles prennent leur insertion.

Branches secondaires supérieures. Branches charpentières placées *au-dessus* des branches mères , sur lesquelles elles prennent leur insertion.

Branches tertiaires. Branches charpentières qui prennent insertion sur les branches secondaires.

Branches latérales. Branches charpentières d'une pyramide ou d'une palmette, et prenant naissance sur la tige.

Branches de remplacement. Rameaux qui se développent à la base de chaque branche fruitière , et sur lesquels on la rabat, chaque années pour obtenir d'eux des fruits pendant la végétation suivante.

Branches à bois. Dénomination générale par laquelle on désigne toute, les branches charpentières d'un árbre.

Branches fruitières. Rameaux simples ou bifurqués, placés sur les branches principales de la charpente d'un arbre, déjà productifs ou pouvant le devenir.

1

Bois parfait. Couches ligneuses les plus dures et les plus rapprochées du centre de la tige.

Bourgeons. Tige tendre et herbacée qui résulte du développement d'un œil.

Charpente. C'est l'ensemble de toutes les branches à bois d'un arbre. Elle varie selon la forme adoptée.

Crochets. Productions qui naissent sur le prolongement que l'on donne, chaque année, aux branches latérales, avec le caractère de branches à bois, et sur lesquelles se développent les branches fruitières. Le crochet ne se rencontre pas sur les arbres à fruit à noyau.

Couronnes de ramification. C'est l'ensemble des branches latérales obtenues sur le prolongement que l'on donne, chaque année, à la tige d'une pyramide formée en couronnes ou par étages.

Dépalissage. Opération qui consiste à remettre en liberté les branches d'un arbre en espalier, afin de les soumettre à la taille ou de les constituer plus fortement.

Éborgnage. C'est la suppression des yeux ou gemmes inutiles.

Ébourgeonnement. Suppression d'un ou de plusieurs bourgeons.

Effeuillement. Suppression des feuilles qui empêcheraient les fruits d'acquérir la couleur et le parfum qui leur sont propres.

Empâtement. C'est le volume qu'offre une branche ou un rameau à son insertion; on dit aussi couronne.

Épiderme. Couche mince qui couvre la surface de l'écorce.

Éventer. C'est produire une évaporation de la séve par un œil sur lequel on a taillé trop près.

Faux bourgeons ou redrugeons. Sortes de bourgeons qui naissent à l'aisselle des feuilles sur d'autres bourgeons vigoureux.

Flèche. Extrémité supérieure de la tige d'une pyramide.

Gourmands. Rameaux qui absorbent une trop grande quantité de séve au détriment de leurs voisins.

Greffe. Opération par laquelle on applique sur un individu, arbre, un œil, bourgeon ou rameau d'une autre espèce, pour lui en faire porter les fruits. — L'objet même avec lequel on greffe.

Grouette. Terre argileuse mêlée de silice ou pierres à feu.

Incisions. Fentes que l'on pratique avec la serpette au-dessus, au-dessous et autour d'un œil, d'un bourgeon, d'un rameau et même d'une branche.

Insertion. C'est le lieu où une branche, un rameau et un bourgeon prennent naissance.

Liber. Réunion de couches minces superposées et flexibles qui forment la partie la plus intérieure de l'écorce.

Nouer. C'est le gonflement de l'ovaire d'une fleur fécondée.

Œil ou bouton. C'est une petite croissance conique ou aplatie, placée sur le côté et à l'extrémité des rameaux, et d'où sortent les bourgeons, les feuilles, les fleurs et les fruits.

Œil combiné. Œil que l'on destine à la formation ou au prolongement d'une branche ou de la tige.

Œil terminal combiné. Œil latéral sur lequel on taille, et que cette opération rend terminal.

Œil de pousse. Celui qui termine un rameau, soit naturellement, soit par suite de la taille, et qui est destiné à son prolongement.

Œil stipulaire. Ce sont des boutons de petite apparence qui se forment de chaque côté d'un œil principal, et ne se développent que lorsque ce dernier est annulé.

Œil latent. Œil simple qui, après être resté quelque temps dans l'inaction, est excité au développement par une taille courte ou des incisions : il ne se trouve que sur des branches déjà un peu âgées.

Œil adventice. Œil invisible, dont l'apparition est inattendue et purement accidentelle : il naît sur du vieux bois et est, comme les yeux latents, excité au développement par des tailles très-courtes et des incisions.

Onglet. Bifurcation nue et sans végétation, qu'une taille allongée produit au-dessus d'un œil développé en bourgeon.

Ovaire. Partie du pistil où se trouvent les rudiments de la graine, qui devient fruit par suite de la fécondation.

Palissage. Opération par laquelle on fixe les branches d'un arbre en espalier sur le mur ou le treillage.

Pincement. Opération qui consiste à supprimer la partie supérieure et herbacée d'un bourgeon : elle se fait avec l'ongle du pouce et l'index.

Rabattre. C'est descendre la taille sur le vieux bois.

Suppression des fruits. Action de retrancher les fruits trop serrés ou mal placés pour faire jouir les autres de plus d'air, et leur permettre d'arriver à une grosseur et à une maturité parfaites.

Séve. Fluide contenant des substances propres à la nutrition des arbres, puisées dans le sol par l'extrémité des racines, spongioles ou radicelles, et absorbées dans l'air par les feuilles.

Séve ascendante. C'est la séve absorbée par les radicelles s'élevant à travers les plus jeunes couches d'aubier, jusque dans le disque des feuilles.

Séve descendante. C'est la séve modifiée et moins liquide qui descend de l'extrémité des feuilles, où s'est opérée cette transformation, vers la base de l'arbre, en passant par le liber ; c'est le *cambium*.

Tige. Axe perpendiculaire et central de la pyramide, de la palmette simple et des hauts vents, et sur lequel toutes les branches principales viennent prendre naissance.

Talon. Point le plus rapproché de l'insertion d'une branche, d'un rameau et d'un bourgeon.

Torsion. Opération par laquelle on tord un rameau sur lui-même et vers sa base, pour désunir les fibres, modérer le passage de la séve et provoquer l'émission d'un œil ou gemme.

INSTRUCTION ÉLÉMENTAIRE

SUR

LA CONDUITE ET LA TAILLE

DES

ARBRES FRUITIERS.

CHAPITRE PREMIER.

CONNAISSANCES PRÉLIMINAIRES, PLANTATION ET GREFFES.

§ 1. — *Ouverture des trous*.

1. On doit ouvrir, pour les hautes tiges et les pyramides, des trous carrés de $1^m,30$ de côté sur **1** mètre de profondeur.

2. Pour les basses tiges, de **60** centimètres de côté sur 50 de profondeur.

3. Pour les espaliers, de $1^m,30$ de longueur sur **65** centimètres de largeur et **1** mètre de profondeur.

4. Si l'on se trouve avoir un terrain humide et profond, dans lequel on veuille mettre des pêchers, il sera bon d'établir au fond des trous un dallage en pierre ou, à leur défaut, en tuiles, en en mettant deux l'une sur l'autre, et en ayant soin de boucher les joints avec du plâtre, et, préférablement, avec du ciment, pour que les racines ne pénètrent pas au travers, car celles du pêcher tendent toujours à descendre perpendiculairement ; cette précaution les en empêchera et les préservera d'une humidité qui est toujours très-nuisible au sujet et cause généralement sa perte.

5. Si le terrain où l'on veut planter est neuf et n'a pas encore nourri d'arbres, si le sol est généreux et possède une terre franche de la profondeur des trous, il suffira, pendant leur ouverture, de déposer les couches supérieures, qui sont ordinairement de la meilleure terre, sur l'un des bords, et les couches inférieures, qui sont communément moins bonnes, sur l'autre bord ; au moment de planter, on met d'abord les terres de la couche supérieure au fond des trous, et celles de la couche inférieure servent à en couvrir la surface.

6. Si, au contraire, le terrain est peu généreux, et qu'il se trouve à l'ouverture des trous une partie de marne, d'argile, de craie, de silice ou de grouette, il sera avantageux d'augmenter la dimension des trous, selon la quantité de mauvaises terres à extraire.

7. Ces différentes natures de terre nommées plus haut, étant toutes très-nuisibles à la végétation des arbres, on devra les enlever et en rapporter d'autres pour les remplacer en faisant le mélange suivant :

1/2 de terre reconnue bonne pour le blé;

1/4 de terre de prairie;

1/4 de curures d'étang ou de balayures de rues bien mûries;

Des gazons même, amoncelés en tas, forment, avec le temps, un très-bon sol. Si l'on peut faire les trous quelques mois ou longtemps avant la plantation, la terre se bonifiera par l'influence atmosphérique; enfin on l'améliore avec des fumiers.

§ 2. — *Des distances auxquelles on doit planter les arbres.*

8. Lorsque l'on plante des arbres fruitiers écussonnés près de terre, il faut toujours tenir la greffe de 5 à 6 centimètres au-dessus du sol; c'est une condition essentielle d'une plantation bonne et durable, car les terres des trous que l'on a ouverts éprouvant toujours un tassement plus ou moins considérable, quand on voudrait niveler le terrain, les greffes se trouveraient enterrées.

9. Les arbres que l'on veut former en espalier doivent être plantés de manière à ce que la greffe soit placée à 15 centimètres du mur, et que leur extrémité supérieure vienne y toucher par l'inclinaison qu'on lui imprime; la greffe doit toujours être sur le devant, et l'onglet faire face au mur.

10. La distance qu'il doit y avoir d'un arbre à l'autre dépend beaucoup de la nature du terrain, et peut varier de 3 à 5 mètres pour les poiriers, pruniers et cerisiers, et de 6 à 8 mètres pour les pêchers.

11. Il en est de même des pyramides : si le sol est généreux, elles doivent être plus éloignées; s'il l'est peu, il faut les rapprocher davantage. La distance d'une pyramide à une autre doit être de 2 à 3 mètres; on peut toujours intercaler entre chaque pyramide un pommier basse tige sur paradis. Il faut un plus grand intervalle entre les poiriers greffés sur franc qu'entre ceux greffés sur cognassier.

§ 3. — *Observations particulières à chaque espèce d'arbres fruitiers.*

1. Abricotier.

12. L'abricotier se greffe sur prunier sauvageon. Il pré-

fère en espalier l'exposition au midi et au couchant; sa production est plus assurée et son fruit devient plus gros. On
peut le planter alternativement en hautes et basses tiges;
par ce moyen on tapisse entièrement les murs. Des arboriculteurs prétendent que l'exposition du nord le soustrait à
l'apoplexie, qui le frappe souvent de mort subite.

13. Ceux que l'on désire élever en plein vent exigent
une exposition chaude et abritée, car leurs fleurs sont extrêmement sensibles à nos gelées printanières.

14. On doit planter l'abricotier dans des terrains légers,
sableux, frais sans être trop humides; les terres alumineuses, grouetteuses, et les craies, lui conviennent parfaitement.

15. Quand il est planté dans des fonds où la terre se
trouve généralement forte et humide, il végète bien pendant
quelques années, ensuite la glu le prend; il donne rarement des fruits, et finit insensiblement par mourir.

16. Sa plantation s'opère à l'automne dans les terrains
secs ou élevés, et au printemps dans ceux qui sont froids
ou humides.

2. Cerisier.

17. Le cerisier se greffe sur sainte-lucie, sur merisier de
semis, et sur bouture ou semis de la cerise franche. On cultive ce dernier, sans être greffé, dans les environs de Nanterre.

18. Le cerisier n'exige pas d'être mis en espalier, il est
très-productif en plein vent; cependant les variétés dites
anglaises hâtives et l'indule précoce de Montreuil, plantées
en espalier, auront leurs fruits mûrs, les premières quinze
jours, et la seconde un mois avant les mêmes variétés plantées en plein vent.

19. Ceux greffés sur sainte-lucie doivent être plantés dans des terres sableuses, ayant peu de profondeur, grouetteuses, légères, siliceuses, et dans la craie.

20. Ceux sur merisier doivent l'être dans des terres franches, profondes, sans humidité; les terrains argileux et alumineux, toujours sans humidité, leur conviennent également.

21. Ceux greffés sur la cerise franche ou sauvage viennent bien dans les terres fortes, profondes et humides.

22. La plantation s'opère à la même époque que pour les abricotiers.

3. Pêcher.

23. Le pêcher se greffe sur deux sujets différents, l'amandier et le prunier sauvage.

24. Ceux greffés sur amandier doivent être plantés dans des terres franches sans être trop humides; ils aiment également les terres légères, alumineuses, sableuses et grouetteuses : les craies ne leur sont pas très-favorables, mais ils y végéteront mieux que les pêchers greffés sur prunier.

25. Ces derniers doivent être plantés dans des terres froides, humides et franches, argileuses et calcaires.

26. On ne doit choisir que des sujets vigoureux à écorce vive et saine, ayant une teinte jaune clair nuancé rose et tacheté de gris, et non à nuance rouge foncé, dont les rameaux sont très-courts, les yeux saillants et renflés, cela dénote une maladie intérieure; l'arbre végète pendant quelques années et finit par mourir.

27. Il faut les déplanter de la pépinière avec précaution, et leur donner, autant que possible, de longues racines, qu'on laisse intactes en les plantant ; il suffit de rafraîchir toutes celles qui se sont trouvées cassées ou écorchées; on doit les distribuer de manière qu'il y en ait autant d'un côté que de l'autre, et les étaler dans le trou horizontalement, afin qu'elles se multiplient en diverses ramifications : de cette manière on n'aura pas de grosses racines pivotantes, qui sont toujours nuisibles.

28. Le pêcher est généralement planté sous le climat de Paris en espalier et, préférablement, à l'exposition du midi ; on peut, néanmoins, le mettre aussi au levant et au couchant. Dans les pays chauds, où le froid a moins d'intensité qu'à Paris, il peut être planté en plein vent.

29. La plantation s'opère à la même époque que pour les abricotiers et les cerisiers.

4. Poirier.

30. Le poirier se greffe sur cognassier et sur franc.

31. Ce dernier doit être planté dans des terres légères et profondes ; il vient bien également dans les terrains argileux, calcaires, alumineux, sableux et rocailleux.

32. Le poirier greffé sur cognassier demande des terres franches ; il s'accommode des terrains argileux, siliceux, lorsqu'ils ont peu de profondeur : on peut le planter également dans des terres grouetteuses, sableuses, crayeuses et calcaires.

5. Pommier.

33. Le pommier se greffe sur doucin et sur paradis pour les basses tiges et les pyramides, sur franc pour les hautes tiges à l'usage des plantations des vergers, et pour les fruits à cidre et à couteau.

Il n'a de préférence pour aucune exposition ; il croît très-bien, et donne de bons fruits dans les endroits humides et complétement privés du soleil, où aucun arbre fruitier ne pourrait produire.

34. Le pommier greffé sur paradis demande une terre forte, substantielle, franche et un peu fraîche; il réussit encore dans les terrains argileux, alumineux, qui ne contiennent pas trop d'humidité, dans les sables et les grouettes.

35. Celui greffé sur doucin aimerait bien également les mêmes terres; mais il y donnerait peu de fruit, car il aurait une trop grande végétation; pour qu'il soit productif, il faut le planter dans des terrains légers et secs, qui n'ont pas beaucoup de profondeur, sableux, grouetteux, calcaires et crayeux.

36. Le pommier sur franc vient généralement dans toutes les terres; cependant il préfère celles qui sont argileuses et humides.

Nota. La fructification du pommier est plus prompte quand il est greffé sur paradis, et il est plus tôt à fruit sur doucin que sur franc.

6. Prunier.

37. Le prunier se greffe sur des rejetons et des semis de prunes sauvages.

38. La qualité de son fruit dépend beaucoup de la nature du terrain et de son exposition. Sous notre climat, pour qu'il soit très-productif, il faut le planter en espalier au midi et au couchant.

39. Il réussit aussi bien en plein vent dans tous les terrains, pourvu, toutefois, qu'ils ne soient pas trop froids, humides et marécageux.

40. Les pays plats, où il se trouve sans abri contre nos gelées printanières, ne lui sont pas favorables, et il y est souvent peu productif; dans les endroits montueux, où il est abrité contre les mauvais vents du nord, sa fructification est plus assurée.

41. Quand on le plante en plein vent, il faut toujours avoir soin de l'éloigner du voisinage des grands arbres et des bâtiments trop élevés, pour qu'il ne soit pas privé des rayons du soleil.

42. Il aime particulièrement les terres légères et un peu fraîches, celles qui sont substantielles sans trop de profondeur.

7. Amandier comestible à fruit doux.

43. Il se greffe sur amande amère sauvage de semis et sur prunier sauvageon.

44. On doit planter le premier dans des terrains marneux, calcaires, crayeux et grouetteux ; le second, dans des terres argileuses et siliceuses. Cet arbre, étant très-vigoureux, doit être planté en hautes tiges.

8. Châtaignier, marronnier comestibles.

45. Ils se greffent sur le châtaignier sauvage des bois de semis et doivent être plantés, pour avoir une belle végétation, dans les terres pierreuses, crayeuses, calcaires et marneuses.

46. Dans les terrains alumineux et siliceux, ils végètent peu et ne donnent pas de fruit.

9. Cognassiers comestibles du Portugal et de la Chine.

47. Ils se greffent sur le cognassier sauvage multiplié de boutures. Pour qu'ils aient une belle végétation et qu'ils soient productifs, il faut les planter dans des terres alumineuses, calcaires, siliceuses et grouetteuses.

10. Figuier.

48. Le figuier est très-sensible aux gelées sous notre climat ; on doit le cultiver, préférablement, auprès d'un mur au midi, ou dans les endroits abrités des mauvais vents du nord ; il aime surtout les côtes exposées au midi ; pour que les fruits atteignent une parfaite maturité et qu'ils soient savoureux, il leur faut une exposition chaude et où le soleil donne continuellement.

49. Il végète bien dans tous les terrains ; mais, dans ceux qui sont froids, humides et dans les fonds, ses fruits ne mûrissent pas parfaitement et sont de mauvaise qualité.

50. On est obligé de l'empailler pendant l'hiver, pour le préserver des gelées. A Argenteuil, on couche contre terre les tiges, que l'on recouvre de 10 à 15 centimètres de terre légère.

11. Cormier, cornouiller, noisetier.

51. Ces arbres croissent dans tous les terrains, et n'ont de préférence pour aucune exposition.

52. On doit les planter, par économie d'emplacement, dans des massifs comme arbres d'agrément, et ils y donnent des récoltes de fruit aussi abondantes que s'ils étaient placés isolément.

12. Framboisier.

53. Le framboisier se multiplie de rejetons et de semis ; il croît parfaitement dans tous les terrains, mais ses fruits sont plus savoureux dans les terres crayeuses et grouetteuses ; il n'exige aucune position particulière ; on ne devra cependant pas le priver des rayons du soleil par de grands arbres et par des bâtiments, afin que ses fruits soient de bonne qualité.

13. Groseillier à grappe et épineux.

54. Les groseilliers à grappe et à maquereau se multiplient de boutures et de semis; ils croissent dans tous les terrains, mais, pour que leurs fruits soient de beau volume et de bonne qualité, il leur faut une exposition très-aérée.

55. Le groseillier à maquereau peut être mis contre des murs au nord, dans les endroits où aucun arbre fruitier ne pourrait réussir, et il y donnera des récoltes satisfaisantes.

14. Mûriers à fruits blanc et rouge.

56. Ils croissent dans tous les terrains : ce sont des sujets très-vigoureux et très-productifs ; toutes les expositions leur sont favorables.

15. Néflier.

57. On peut dire du néflier ce que nous avons dit des mûriers : il réussit parfaitement dans la plus mauvaise exposition et dans les terrains les plus médiocres; il se greffe sur aubépine.

16. Noyer.

58. Le noyer se multiplie de semence : c'est un arbre très-vigoureux; il croît dans tous les terrains. On le plante, ordinairement, en ligne sur le bord des chemins; il lui faut beaucoup d'air. Son ombre est nuisible aux récoltes.

17. Vigne à raisins de table.

59. La vigne se multiplie de couchages et de boutures ; on la plante, préférablement, en espalier contre les murs. L'exposition qu'elle préfère est le midi : on peut aussi la planter au levant et au couchant, la mettre en contre-espalier et en ligne sur les plates-bandes; mais, n'ayant rien pour

l'abriter de la pluie et des mauvais vents, son fruit n'a jamais autant de qualité. Se trouvant trop près de terre, l'humidité empêche sa parfaite maturité, amollit trop sa peau, lui fait perdre de sa couleur et de sa saveur, et nuit à sa conservation.

60. La vigne naît dans tous les terrains, mais elle a une trop grande végétation dans ceux qui sont forts, humides, alumineux, et ses fruits sont d'une médiocre qualité.

En général, leur mérite est toujours en raison inverse de la végétation.

61. Si l'on veut avoir des fruits savoureux, de bonne qualité et de conservation, avec une végétation convenable, il faut lui donner des terres légères, qui ont peu de profondeur, grouetteuses, sableuses, crayeuses et calcaires.

62. La production de la vigne dépend encore de l'attention et des soins que l'on donne à la taille, à l'ébourgeonnement et au palissage.

18. Fraisier.

63. Ils se multiplient de semis et de filets; pour avoir des sujets vigoureux, d'une belle et bonne production, il faut les planter dans des terres douces et légères, sableuses, alumineuses, très-substantielles et riches d'engrais, leur donner de nombreux arrosements, les couvrir d'un paillis pour en conserver la fraîcheur et préserver leurs fruits des éclaboussures produites par les fortes averses.

§ 4. — Du choix des arbres et de l'exposition pour les espaliers.

1. Choix des arbres.

64. On doit choisir, en général, des sujets d'une belle

végétation, à tige très-droite, d'une nuance verdâtre et d'une peau très-lisse, et avoir soin de leur donner, en les déplantant, les plus longues racines possible.

65. Les sujets d'une végétation maigre, galeux, à nuance jaunâtre, ne possèdent que de grosses racines dépourvues de chevelu, et ne reprennent que difficilement.

66. *Hautes tiges.* Il faut toujours les choisir les plus fortes possible et de plusieurs années de greffe ; dans ces conditions, elles peuvent très-bien supporter leur déplantation et garantir un bon résultat.

67. *Pyramides.* On devra, de préférence, prendre celles qui ont été pincées en pépinière, et dont la base est garnie des premières ramifications, régulières et bien équilibrées dans leur végétation, ayant une tige droite et une flèche pour la continuer. On peut les retirer de la pépinière depuis deux ans jusqu'à huit. Si elles ont été bien conduites, on pourra suivre leur taille et en faire de beaux arbres. Les sujets d'un âge déjà avancé donneront des fruits la première année de leur plantation.

68. Si l'on prenait des pyramides qui n'aient pas été élevées sous le système du pincement, il ne faudrait pas qu'elles eussent plus de deux ans de greffe, car on ne pourrait plus les ramener à la taille ; celles d'un an sont préférables.

69. *Basses tiges.* Elles ne devront également être âgées que de deux ans d'écusson.

2. De l'exposition pour les espaliers.

70. Quand on veut commencer la forme de ces arbres à leur première taille, on doit choisir, de préférence, des sujets écussonnés d'un an, lorsqu'ils sont forts et vigoureux, sinon les prendre de deux ans. Les personnes qui sont pressées de jouir de leur production peuvent, avec toute con-

fiance, planter des sujets déjà formés de trois à six ans, en ayant soin, à leur déplantation, de leur conserver les plus longues racines possible, que l'on devra laisser intactes.

71. On suivra aussi les instructions que je donne pour l'ouverture des trous (nᵒˢ 1 à 7) pour tous les arbres en général; en employant ces moyens, on sera assuré d'une bonne réussite à la plantation et d'une récolte la première année.

72. Si l'on ne possède que peu de murs sur lesquels on veuille établir des espaliers, on devra réserver le midi et le levant pour les pêchers, comme je l'ai expliqué (28), et mettre au nord et au couchant les poiriers, tels que saint-germain, bon-chrétien d'hiver, crassane et beurré gris, toutes espèces qui, plantées en plein air, ne donnent qu'un fruit pierreux et de médiocre qualité. Dans les propriétés où l'étendue permettrait qu'elles fussent placées au midi et au couchant, leurs fruits n'en seraient que plus savoureux.

73. Si ces quatre variétés n'étaient pas suffisantes, on pourrait y ajouter les beurrés d'Aremberg, bon chrétien de Rance, doyenné d'hiver et belle angevine. Les trois premiers viennent aussi en plein air; mais les fruits de la belle angevine, remarquables par leur grosseur, y sont tourmentés par les vents, et souvent n'atteignent pas leur entier développement : il serait inutile d'y ajouter d'autres variétés qui viennent très-bien et donnent de bons fruits en plein air.

§ 5. — Des greffes.

74. La greffe est un ingénieux moyen de multiplication pour les arbres en général, et en particulier pour les arbres fruitiers.

Une condition fondamentale de sa réussite, c'est qu'il doit exister un degré suffisant d'affinité entre les individus qu'on allie.

75. Les diverses manières de greffer varient jusqu'à l'infini; je ne parlerai que des plus usitées, parce qu'elles sont en même temps les plus utiles, les plus simples et les plus sûres. Il y en a trois principales : la greffe en écusson à œil dormant, la greffe en fente à œil poussant et la greffe en couronne.

76. J'en ajouterai une quatrième dont j'ai déjà parlé, c'est la greffe en couchage.

1. Greffe en écusson à œil dormant.

77. C'est la greffe par excellence, on peut l'employer pour tous les arbres sans exception ; l'époque favorable pour la pratiquer est le courant du mois d'août, lorsque les sujets ont encore assez de séve. L'écusson est une petite plaque d'écorce au milieu de laquelle se trouve un œil ou bouton. Il provient des rameaux du sujet que l'on veut multiplier. Une condition nécessaire au succès de cette greffe, c'est que l'œil de l'écusson doit être parfaitement constitué. Aussitôt après la coupe du rameau à greffer, on en supprime les feuilles, en ne réservant que plusieurs millimètres dans la longueur de leur pétiole. Cette longueur sert à tenir l'écusson entre les doigts et facilite sa pose. On doit, en général, se servir des rameaux aussitôt après la coupe. Si le grand nombre de sujets qu'on aurait à greffer en empêchait, il faudrait, pour conserver la fraîcheur des rameaux et en éloigner les rides, tenir leur extrémité inférieure plongée dans l'eau, dans un endroit où ne pénètre pas le soleil.

Au moment de greffer, on supprime sur le sujet tous les petits rameaux qu'il possède jusqu'au-dessus de l'endroit où

l'on veut poser l'écusson. On coupe ensuite l'écorce jus
qu'à l'aubier par deux incisions, l'une horizontale et l'autre
verticale, en forme de T droit.

On fait alors avec la lame du greffoir un trait transversal
sur le rameau à 1 centimètre environ au-dessous de l'œil,
puis on reporte la lame du greffoir à 3 centimètres au-dessus, et on la fait glisser à plat jusqu'au trait transversal. Pour
ne pas blesser les organes de l'œil et l'écorce dont il est
muni, il faut avoir soin d'enlever, avec elle, une légère couche d'aubier, que l'on ôte avant d'introduire l'écusson dans
l'incision.

On lève alors l'écusson en ayant soin d'ôter avec le greffoir les couches ligneuses qui peuvent se trouver sous l'œil
sans le vider.

On soulève ensuite avec la spatule du greffoir les deux lèvres de l'incision verticale, et l'on y glisse en même temps
l'écusson. Lorsqu'il est bien assujetti, on en coupe ce qui
peut dépasser l'incision transversale, puis on ligature le
tout, excepté l'œil, avec de la laine, de telle sorte que les
deux lèvres de l'incision horizontale renferment parfaitement la greffe. La reprise de l'écusson s'annonce par la
chute du pétiole.

On pratique encore avec succès la greffe en écusson pour
hâter la production d'un sujet rebelle à la fructification.

On choisit, sur un arbre de la même espèce du sujet que
l'on désire faire fructifier, des boutons à fruit, que l'on applique sur les branches charpentières de ce dernier, suivant les instructions précédentes.

On peut encore, pour satisfaire un caprice bien légitime,
greffer sur un sujet des boutons à fleur de différentes variétés; on verra ainsi un même arbre produire diverses
sortes de fruit. C'est ainsi que l'on peut avancer la fructifi-

cation d'une espèce dont on a hâte de connaître le mérite.

Enfin, à défaut de bourgeons on peut opérer la greffe en couchage ; cette greffe est d'un grand secours pour garnir les nudités produites par l'absence de branches définitives sur les branches latérales.

2. Greffe en fente à œil poussant.

78. Cette greffe se pratique, du 15 mars au 15 avril, sur des sujets qui ont manqué à la reprise de la greffe en écusson. Elle est donc d'une haute importance pour le multiplicateur. Pratiquée à une époque différente de la greffe en écusson qui est restée endormie pendant l'hiver, elle commence sa végétation avec elle, au retour de la séve du printemps. On choisit pour greffe un rameau muni de trois yeux dans les deux tiers de sa longueur, l'un terminal et les deux autres latéraux ; immédiatement au-dessous du dernier œil, on taille la partie inférieure du rameau en lame de couteau sur une longueur de 3 à 4 centimètres selon sa grosseur, puis on coupe en biseau la tête du sujet. A partir de l'extrémité supérieure de cette coupe, on pratique une fente verticale dans laquelle on introduit la greffe , de telle sorte que les deux libers se joignent parfaitement. Enfin on ligature le tout avec de la laine et on recouvre la plaie avec de la cire à greffer. La coupe oblique que l'on a donnée à la tête du sujet attire toute la séve et la concentre à l'extrémité supérieure du biseau ; l'œil inférieur du rameau, placé à ce point de contact, reçoit ainsi une nouvelle puissance de végétation et se développe plus vigoureusement. Pour que ce mode de multiplication soit couronné d'un plein succès, il faut couper les greffes dans le courant de janvier, à l'époque où la séve ne circule pas encore; on les

conserve dans cet état jusqu'au moment de l'opération , en les déposant dans un endroit frais, mais sans humidité, et où le grand air et le soleil ne puissent pénétrer.

3. Greffe en couronne.

79. La greffe en couronne participe à la fois de la greffe en fente et de celle en écusson ; elle ne se pratique que pour les gros arbres de mauvaise espèce, placés dans une position défavorable, sur lesquels la greffe en fente n'aurait pu être pratiquée, et dont la dureté ne permettrait pas de poser un écusson.

80. Lorsque la séve entre en activité, on rabat la tige du sujet, puis l'on pratique une incision longitudinale sur l'écorce jusqu'à l'aubier. Les rameaux munis de trois yeux, comme ceux de la greffe en fente, sont taillés en flûte, et l'on pratique un cran vis-à-vis de l'œil , et à la partie supérieure de l'entaille ; on soulève les lèvres de l'incision avec la spatule du greffoir, et l'on y introduit immédiatement le rameau dont le cran doit reposer sur l'aubier ; on ligature ensuite et on préserve les greffes des influences de l'air avec de la cire à greffer. On pose ainsi successivement autour de la tige plusieurs greffes, en proportion de la circonférence que présente le sujet, et en laissant un intervalle de 5 centimètres entre elles.

4. Greffe en couchage.

81. Cette dernière n'est pas d'une application aussi générale que les trois autres ; toutefois son importance n'est pas moindre; je vais dire dans quelles circonstances il faut l'employer.

82. S'il arrivait aux branches fruitières d'un arbre quelconque, jeune ou d'un âge déjà avancé, des avaries de

quelque nature que ce fût qui occasionneraient leur destruction totale ou partielle, voici le moyen de réparer cette
perte : vous prenez à la base de la partie dénudée un bourgeon assez développé pour arriver au delà du point où
manque la branche fruitière que vous voulez remplacer,
et vous l'y appliquez en observant les conditions que je
vais prescrire. Dans le cours de la végétation, le même
bourgeon peut, au fur et à mesure qu'il arrive à l'emplacement d'une nouvelle branche fruitière, être greffé une seconde fois et même davantage, s'il manque successivement
plusieurs branches ; mais, pour que cette opération réus-
sisse, il faut qu'elle ne se fasse qu'avec du bois tendre et
herbacé ; le bois dur et déjà âgé d'un an ne produirait aucun bon résultat.

83. On enlève donc l'écorce de son bourgeon d'une
longueur de 20 à 25 millimètres, et dans les mêmes proportions à l'endroit où l'on veut former une branche fruitière (*fig.* 17) (a, b, c, d, e), de telle sorte que le bourgeon
emplisse bien la partie qu'on a extraite, et que les deux libers
se joignent parfaitement. On les ligature ensuite avec de la
laine à greffer, en ne les serrant pas au point de couper
le bourgeon qui est très-tendre. Ces greffes ne devront
être sevrées de leur mère qu'au printemps suivant ; l'opération s'en fera en trois fois et à huit jours d'intervalle. Si l'on
s'aperçoit qu'après les deux premières coupes les branches
se trouvent fatiguées, et que leur végétation s'arrête, il faudra retarder la dernière jusqu'au moment où l'on verra la
végétation prendre de nouveau son cours. C'est du mois
d'avril à la fin de juillet qu'on devra pratiquer cette opération. Les expériences continuelles que j'en ai faites me con-
vainquent de plus en plus de ses brillants avantages

CHAPITRE II.

PRINCIPES GÉNÉRAUX DE LA TAILLE.

§ 1er. — *Taille proprement dite.*

84. Avant d'entrer dans le détail et dans l'application successive de la taille sur des sujets de nature et de forme différentes, il me paraît indispensable d'initier le cultivateur à ses principes généraux et immuables, me réservant d'en faire connaître plus tard les diverses modifications nécessitées par des circonstances prévues ou accidentelles.

85. Pour mettre plus d'ordre et de lucidité dans cette exposition succincte et fondamentale de la taille, je vais la présenter sous deux aspects différents : la taille des branches à bois ou charpentières, et la taille des branches fruitières.

1. Taille des branches à bois.

86. Quiconque a étudié l'action de la nature sur les végétaux, et en particulier sur les arbres à fruit, se sera convaincu de cette règle fondamentale : la séve, qui est la nourriture d'un arbre, tend toujours à monter perpendiculairement vers l'extrémité de ses rameaux. En second lieu, si l'on examine l'organisation des branches à bois, on voit qu'elles possèdent, dans toute leur longueur, des yeux plus ou moins développés, et qu'elles sont surmontées par un œil terminal qui est toujours un œil de pousse. Tout le monde a pu se convaincre, comme moi, d'un troisième principe, c'est que la séve se porte avec plus d'abondance là où les feuilles et les ramifications sont plus nombreuses. Il en est un qua-

trième que le simple bon sens suffit seul pour indiquer; c'est que la séve doit toujours être répartie de manière à équilibrer entre elles les diverses parties de la charpente d'un arbre.

Voilà les quatre bases fondamentales de toute l'économie générale de la taille que je vais maintenant expliquer d'après ces données :

1° Tailler court les branches fortes pour qu'elles attirent moins de séve et que l'on puisse en faire jouir les branches faibles.

2° Donner, au contraire, aux branches faibles une taille allongée pour faciliter leur équilibre avec les autres, en vertu du troisième principe posé plus haut.

3° Constituer vigoureusement les branches inférieures pour l'équilibre et la régularité de la charpente, en les favorisant par une taille allongée, et en taillant court, au contraire, les branches supérieures que la séve alimente toujours de préférence.

4° D'après les mêmes principes, ne jamais chercher à former les branches supérieures avant que les inférieures ne soient convenablement constituées.

5° Éviter, en général, dans la charpente d'un arbre les courbes et les nodosités, et choisir, par conséquent, les yeux les plus propres à rendre une branche droite et effilée.

6° Éviter les bifurcations entre les branches charpentières, soit en un point de leur longueur, soit à leur insertion sur la tige ou sur les branches mères; ces bifurcations accidentelles déparent la régularité de l'arbre, nuisent à son équilibre et contrarient l'égale répartition de la séve en la divisant.

2. Taille des branches fruitières.

87. C'est la taille des branches à fruit qui règle la pro-

duction d'un arbre; elle a pour bases fondamentales 1° qu'il ne faut pas fatiguer un jeune arbre par une fructification précipitée ou trop abondante; 2° qu'il faut mettre plus tôt à fruit un arbre vigoureux, et retarder, au contraire, le plus possible, la fécondité naturelle de ceux qui sont faibles ou languissants. Ces principes s'appliquent à tous les arbres, quelles qu'en soient la nature et la forme.

88. Mais il en est d'autres qui, quoique moins généraux, sont pourtant d'une application et d'une nécessité aussi absolues. Ils reposent sur le caractère qui distingue les branches fruitières des arbres à fruit à noyau de ceux à fruit à pepins. Les premiers n'ont que la faculté de fructifier une seule fois; les seconds, au contraire, sont d'un rapport continuel et d'une durée presque indéfinie. De là deux principes différents : pour le pêcher et l'abricotier, renouveler sans cesse, chaque année, leurs branches fruitières par un rameau de remplacement; pour les autres, les conserver seulement dans un état de santé favorable à leur rapport et à leur durée.

89. Je crois ici devoir entrer dans des détails particuliers relatifs à chaque genre de branches fruitières, afin de n'être pas obligé d'y revenir sans cesse dans l'application que nous en ferons. Commençons par les branches à fruit de tous les arbres, à l'exception du pêcher et de l'abricotier.

90. Le dard, ainsi nommé parce qu'il forme presque toujours un angle droit avec la branche qui le supporte, est un petit rameau de 5 à 50 millimètres; il ne dépasse jamais cette longueur; il se trouve sur toutes les parties de l'arbre.

91. La corne ou lambourde est une petite production très-courte, grosse, charnue, et ne présentant, dans sa moyenne longueur, que de 5 à 18 millimètres; elle est ter-

minée par un seul bouton qui, se développant insensiblement chaque année, finit, en trois ou quatre ans, par
donner des fleurs et des fruits, à la suite desquels se développe la bourse, production comme fongueuse ou à tissu
lâche, coriace, élastique, ainsi nommée parce qu'elle produit, pendant plusieurs années, d'autres lambourdes semblables à la première et fructifiant de même. Tant que les lambourdes produisent, on se contente de rafraîchir par une
coupe mince l'endroit où ont été attachés les pédoncules
des fruits.

92. La brindille se distingue du dard par une constitution plus mince et plus allongée. Ses boutons sont très-petits
et très-distants les uns des autres. Elle a, ordinairement,
de 10 à 30 centimètres.

93. Les dards et les brindilles devront, la première
année, être laissés intacts, car leurs yeux terminaux sont
souvent des boutons à fruit; d'ailleurs, leur croissance n'est
pas ordinairement vigoureuse. Si cependant, durant la végétation, les brindilles avaient acquis un fort développement,
on aurait soin, à la taille suivante, de les rapprocher sur un
œil de pousse combiné; autrement elles deviendraient nuisibles dans leur longueur.

94. Une circonstance digne de remarque, c'est que les
yeux placés sur les branches latérales ne se développent
pas toujours avec le caractère des branches à fruit que je
viens de signaler, et forment des rameaux qui menacent
d'attirer à eux une grande quantité de séve au détriment
des autres productions; c'est alors au pincement de les modérer et d'en faire des branches à fruit. Ces rameaux sont ce
que l'on appelle des gourmands; il convient de les rabattre
sur leur empâtement pour les remplacer par un bourgeon
provenant des yeux stipulaires qui s'y trouvent, et dont on

modère le développement. Je donne, en général, le nom de crochets à toutes les productions qui naissent sur le prolongement que l'on laisse, chaque année, aux branches latérales, avec le caractère de branches à bois, et sur lesquelles on est obligé d'appliquer les opérations du pincement et de la taille pour y faire développer des branches fruitières. On verra que je conserve cette dénomination dans l'application que je fais de ces principes généraux, quand je traite, sous le même titre, de la taille des crochets et des branches fruitières. Ces pincements et ces tailles, répétés pendant plusieurs années, forment des bifurcations et des trifurcations. On devra, chaque année et quel que soit l'âge de l'arbre, entretenir les branches à fruit dans une longueur proportionnée à leur développement et à leur position, et y maintenir quelques bourgeons pour attirer la séve convenable.

95. J'arrive maintenant à la taille des branches à fruit du pêcher et de l'abricotier. J'ai dit plus haut que l'on devait, chaque année, pourvoir à leur renouvellement par un rameau de remplacement : ce principe a besoin de quelques détails ; avant de les donner, il importe de faire connaître quelles sont ces branches à fruit. La première, Y (*pl.* **IV**, *fig.* 36), est allongée et grêle. Ses yeux latéraux sont simples et à fleur, et elle est terminée par un œil de pousse. On la nomme branche à fruit à boutons simples. Elle se présente le plus communément dans les dessous de la charpente. C'est la branche à fruit la plus défectueuse, car elle manque souvent d'œil de pousse à sa base.

96. La deuxième, Z, est plus longue. Ses yeux sont doubles; il y en a un à fleur et l'autre à bois. On la nomme branche à fruit à boutons doubles (*fig.* **37**, *pl.* **IV**).

97. La troisième, W, ne diffère de celle-ci que par ses yeux, qui sont triples; les deux extrêmes sont à fleur et celui

du milieu est à bois : de là son nom de branche à fruit à boutons triples (*fig.* 38, *pl.* IV).

98. La quatrième, X, enfin, atteint ordinairement une longueur de 4 à 8 centimètres; elle est terminée par un bouton en forme de dard, qui s'ouvre en un bouquet de quatre à six fleurs : au milieu se trouve un œil de pousse. On en rencontre aussi quelques-uns à la base. On la nomme branche à bouquet (*fig.* 39, *pl.* IV). Elle ne se rencontre ordinairement que sur le vieux bois ; les arbres jeunes encore en sont privés. Toutes ces branches à fruit, aussitôt après leur fructification, deviennent, désormais, incapables de produire de nouveau; si donc on les laissait intactes et qu'on leur donnât un prolongement, on n'aurait bientôt plus que de longues branches à bois dénudées à la base, et dont le sommet seulement serait couronné de quelques ramifications fruitières ; aspect désagréable, fructification peu abondante, existence flétrie et abrégée, voilà quels en seraient les résultats. Il faut donc, pour les éviter, combiner à la base des branches fruitières un bourgeon de remplacement. Ainsi tous les efforts de la taille et du pincement doivent avoir pour but d'entretenir toutes ces productions fruitières dans un état de végétation convenable, tout en permettant à l'œil le plus rapproché de leur insertion de prendre assez de développement pour les remplacer et devenir à son tour branche fruitière.

99. L'année suivante, on rabattra sur ce bourgeon, devenu rameau, les branches qui ont fructifié. Une taille sagement combinée et pratiquée pendant la végétation au-dessus d'un œil latéral dont on fait un œil de pousse favorisera le développement des fruits et d'un autre bourgeon de remplacement.

3. Époque de la taille.

100. La véritable taille est généralement connue sous le nom de taille d'hiver. On la nomme aussi taille en sec. Ces deux noms disent assez dans quelle saison on la pratique. Il serait difficile de lui préciser une époque certaine.

101. Pour les fruits à pepins, elle peut s'opérer depuis le mois de novembre jusqu'à la fin de mars. On doit, toutefois, s'en abstenir pendant les gelées. Les fruits à noyau peuvent être taillés pendant février et mars. En général, l'époque préférable est toujours lorsque la végétation est arrêtée, car alors les coupes que l'on a pratiquées sont devenues assez sèches pour empêcher la séve de s'échapper lorsqu'elle entre en activité.

Observation. L'année de la plantation, on ne devra tailler aucun arbre fruitier, à l'exception du pêcher et de l'abricotier, afin d'avoir plus d'yeux dans la longueur des branches latérales, pour multiplier une plus grande quantité de feuillage. Le feuillage, étant la pompe aspirante de la séve, fait prendre au sujet de plus nombreuses racines, et un an après, en le taillant, on est assuré d'une belle végétation.

4. Instruments propres à la taille.

102. Le choix d'un instrument n'est pas indifférent pour les diverses opérations de la taille. Il y en a trois dont l'usage est indispensable; ce sont la serpette, le sécateur, la scie à main ou égohine. L'instrument que l'on doit employer le plus souvent et de préférence est la serpette. Le sécateur, quoique plus expéditif, froisse les branches avec son crochet, et sa coupe n'est jamais assez nette. Pour les arbres en espalier, où la serpette ne peut opérer, on est quelquefois forcé d'y avoir recours. La scie à main sert à retirer le bois mort et à amputer les grosses branches.

§ 2. — *Opérations d'hiver.*

103. Je comprends sous ce titre non-seulement la taille dont je viens de signaler les principes généraux, mais différentes opérations auxiliaires qui, bien que secondaires, sont cependant indispensables pour la régularité, l'équilibre et la parfaite harmonie d'un arbre soumis à la taille.

Je vais donc décrire ces opérations dans l'ordre qu'elles doivent avoir en pratique,

1. Dépalissage.

104. Le dépalissage ne s'entend, à proprement parler, que des arbres en espalier; il se pratique en plusieurs circonstances et à différentes époques : j'en parlerai en temps et lieu. Celui qui doit nous occuper maintenant est la première des opérations d'hiver; il se fait avant la taille, afin de la rendre plus facile et de donner de l'aisance aux branches. Immédiatement donc avant la coupe des branches et des rameaux, on ôte tous les liens qui les attachent au mur ou sur le treillage, en ayant soin d'enlever tout ce qui pourrait nuire à la propreté et à la santé de l'arbre.

105. Quant aux pyramides et aux hauts vents, ils exigent aussi une espèce de dépalissage, qui consiste à ôter les osiers et les différentes cales qui dirigent les branches dans la position qu'elles demandent.

2. Coupe des branches et des rameaux.

106. Ces deux opérations s'appliquent à tous les arbres fruitiers soumis à la taille, sans distinction de nature ni de

formes; elles ont pour but de garnir les arbres de leurs
branches charpentières et de diminuer le nombre des boutons à fleur sur les rameaux à fruit. La coupe des branches
à bois varie selon la forme que l'on veut donner aux sujets.
Ainsi les ramifications charpentières d'une pyramide ne
s'obtiennent pas de la même manière que celles d'une palmette ou d'une forme carrée; ces notions sont trop simples
pour avoir besoin de démonstration.

107. La coupe que l'on pratique sur chaque branche,
près d'un œil latéral, pour son prolongement, doit se faire à
2 millimètres au-dessus de lui, un peu en biseau, pour faciliter le redressement : plus près, elle évente l'œil et altère
sa végétation; plus loin, la courbe est plus difficile à effacer.

108. Je conseille de toujours commencer par tailler les
branches fruitières, surtout pour les arbres en espalier;
c'est une méthode que suivent la plupart des bons prati-
ciens, elle fait mieux juger de la force respective des branches à bois : le coup d'œil est plus sûr et le raisonnement
plus facile pour la coupe qu'il faut pratiquer sur ces dernières.

3. Palissage.

109. Le palissage, que quelques auteurs appellent aussi
dressage, ne regarde également que les arbres en espalier.
Il y a le palissage en sec et le palissage en vert. Je ne parlerai maintenant que du premier. Il se fait immédiatement
après la taille, et consiste à attacher avec des osiers, sur le
treillage ou sur les murs à la loque, toutes les branches d'un
arbre dans la position que l'on juge la plus convenable pour
leur forme et leur régularité. Il faut avoir soin de poser les
attaches assez près les unes des autres sur les branches
charpentières, pour éviter des courbes ou déviations dans
leur prolongement.

110. Le palissage est une ressource bien puissante entre des mains habiles et expérimentées, et sert merveilleusement à rappeler l'équilibre dans la charpente d'un arbre (*fig.* 32, *pl.* V).

Si l'on voit une branche dominer une autre branche, ou une aile tout entière prendre un fort accroissement, tandis que l'autre reste faible ou languissante, un palissage serré diminue la croissance de la première, et l'on favorise la végétation de la branche ou de la partie faible en lui donnant une plus grande liberté. On peut même dépalisser totalement la partie faible, en ayant, toutefois, la précaution, pour la garantir contre les tourmentes et la violence des vents, de l'assujettir au moyen d'un tuteur que l'on tient éloigné du mur de 15 à 20 centimètres. On peut encore attacher la partie faible D D D plus verticalement, et donner à la forte E E E une position plus horizontale; ces moyens, basés sur la nature, peuvent être mis en usage simultanément ou isolément suivant le besoin, et doivent cesser lorsque la séve, forcée dans son action, a ramené l'équilibre désiré. Alors on repalisse l'arbre dans une position régulière, en faisant suivre à ses branches une ligne parallèle et parfaitement droite (*fig.* 32). Le palissage agit également sur les branches fruitières qui doivent former avec les branches charpentières comme des espèces d'arêtes : elles seront d'autant plus verticales ou inclinées, qu'elles offriront plus ou moins de croissance; j'y reviendrai au palissage en vert (141). A cette époque, on supprime une grande partie des attaches qui deviennent inutiles, et qui, en restant, empêcheraient la croissance des branches et les couperaient à la place qu'elles occupent; on surveille et on lâche au besoin celles qu'on serait forcé de laisser pour le maintien de la charpente.

111. Les pyramides et les hauts vents subissent aussi

une opération à peu près identique au palissage; car si, par
une circonstance quelconque, des branches latérales ne se
trouvent pas à la place qu'elles doivent occuper sur la tige,
soit qu'elles s'abaissent ou se redressent trop, qu'elles se
dérangent à droite ou à gauche, voici les moyens de leur
faire prendre leur direction : on attache celles qui s'abaissent avec un petit osier à leur extrémité en les attirant sur
la tige, et on éloigne celles qui se rapprochent trop, soit de
la tige ou des autres branches latérales, au moyen d'une cale
faite avec une baguette d'arbre; on coupe les deux bouts en
flûte pour qu'elle tienne, et non en pointe, de peur qu'elle
ne blesse l'épiderme de l'arbre. Il ne faudra pas oublier de
fixer sur le sommet des branches de tous les arbres, en général, et selon leur direction, une petite baguette, pour y
faire glisser, à mesure qu'il végétera, le bourgeon qui doit
les continuer, afin d'éviter des courbes.

4. Éborgnage.

112. L'éborgnage diffère de l'ébourgeonnement en ce
qu'il n'agit que sur les yeux, et que celui-ci se pratique sur
les bourgeons. C'est une opération qui maintenant est presque tombée en désuétude; on lui préfère l'ébourgeonnement, qui en a toutes les qualités sans en avoir les dangers
et les inconvénients, car il peut arriver qu'après avoir supprimé des yeux que l'on jugeait inutiles, un accident quelconque annule ceux sur lesquels on comptait, et que l'on
avait combinés par la taille; il faut donc, en général, être
sobre de cette opération, et, si l'on juge à propos de l'employer, se ménager des ressources en cas d'intempéries, en
laissant toujours plus d'yeux qu'il n'en faut.

5. Cassement.

113. Cette opération d'hiver s'applique sur les rameaux

des arbres d'une nature rebelle à se mettre à fruit, rameaux qui, par leur extrême vigueur, ont résisté à l'action du pincement, et dont les yeux n'ont pu être transformés en boutons à fleur. On les casse donc de 4 à 5 centimètres de leur insertion, en appuyant le taillant de la serpette à l'endroit de l'opération; on maintient le bourgeon avec le pouce, et par un renversement de main la rupture s'opère. La plaie irrégulière qui en résulte se cicatrise moins facilement, le rameau reste languissant, et les yeux, au lieu de se développer en nouveaux bourgeons à bois, se transforment en boutons à fleur.

114. Un an après l'époque de la taille d'hiver, une coupe nette fait disparaître l'espèce de chicot qui résulte du cassement : il s'applique sur tous les arbres fruitiers en général, à l'exception du pêcher.

6. Incisions et entailles.

115. Ces deux opérations sont presque synonymes; cependant il existe entre elles une différence qui va ressortir de leur exposition.

116. Les incisions sont ou longitudinales ou horizontales, et peuvent être employées simultanément ou isolément, selon le besoin. Les premières se font en fendant longitudinalement, avec la serpette, l'écorce des arbres jusqu'à l'aubier; elles doivent être distantes les unes des autres de 4 à 6 centimètres. Les incisions horizontales, que l'on nomme encore annulaires, se font autour de la tige et des branches à bois, au-dessus des yeux latents; il y en a toujours deux parallèles. Il faut bien se garder d'enlever, comme l'enseignent plusieurs théoriciens, l'écorce qui se trouve entre elles, afin que la séve n'occasionne pas, par son action trop longtemps interrompue, le dépérissement et, par la suite, la rupture des branches. Elles ont pour but de forcer la séve montante à développer les yeux latents dans les parties dénudées placées au-dessous d'elles. On peut aussi les employer à diminuer la force excessive d'un rameau ou d'une branche, en pratiquant au-dessous d'eux une incision qui embrasse l'empâtement et en éloigne la séve. On ne doit les appliquer qu'aux arbres à fruit à pepins ; sur les autres, elles pourraient occasionner la maladie de la gomme.

117. Le but des incisions longitudinales est d'ouvrir un passage à la séve dans les endroits où l'écorce, se trouvant trop resserrée, empêche sa libre circulation ; elles préviennent ainsi la maladie de la gomme dans les arbres à fruit à noyau. Elles servent encore, à l'instar des incisions horizontales, au développement des yeux latents et des ramifications peu vigoureuses ; mais alors elles sont ordinairement au nombre de trois : celle du milieu est perpendiculaire à la tige ou à la branche, et les deux autres descendent un peu obliquement de chaque côté (D D D, *pl.* Ire, *fig.* 3). Elles embrassent ainsi une plus grande étendue, et attirent, par conséquent, plus de séve pour nourrir la partie où elles aboutissent.

118. Les entailles (C, même figure) sont le produit de deux incisions qui, se rejoignant dans l'aubier, forment un angle plus ou moins aigu ; on enlève l'écorce qui se trouve entre elles. Les entailles doivent offrir une profondeur de 2 à 5 millimètres, selon le besoin ; elles ont pour but d'activer ou de ralentir la croissance d'un œil ou d'une ramification quelconque. Dans le premier cas, elles se font au-dessus de la partie qu'on veut favoriser ; on conçoit alors que la séve ascendante, interrompue dans son cours, s'écoulera en plus grande quantité dans le bouton ou la branche qui lui offre une issue.

Dans le second cas, l'entaille faite au-dessous de la ramification qu'on veut modérer présente une digue à la séve et l'empêche de nourrir la branche trop vigoureuse.

119. On devra bien se garder de pratiquer les entailles sur le pêcher, car elles pourraient occasionner des engorgements et, par suite, la maladie de la gomme.

7. Arcure.

120. Cette opération, qui est une des modifications du palissage, a pour but, dans l'intérêt de l'équilibre d'un arbre, de modérer ou d'activer la croissance des ramifications principales; elle consiste à redresser une branche faible H, *pl.* Ire, *fig.* 22, en la rapprochant de la tige ou de la ligne verticale, ou à abaisser une branche trop forte G, en lui faisant subir une courbe qui la rapproche de la ligne horizontale, d'après le principe posé plus haut que la séve se porte avec plus d'abondance dans les branches verticales que dans celles qui sont horizontales. Dès que l'on juge l'équilibre établi, on les dépalisse de cette position pour leur donner celle qu'elles doivent occuper.

8. Rapprochement.

121. Il y a un rapprochement toutes les fois que l'on vient tailler tout près de la précédente taille.

122. On pratique cette opération pour faire refluer la séve à la base d'un arbre qui s'en trouve privé, et dont les parties inférieures languissent par l'excès de croissance des parties supérieures.

Elle s'applique également aux branches fruitières qui prendraient trop d'accroissement, et que le pincement n'aurait pu modérer; dans cette circonstance, on les rapproche sur un bourgeon inférieur plus faible, mais bien constitué.

Cette opération, qui n'est qu'accidentelle pour les arbres à fruit à pepins, est particulière aux arbres à fruit à noyau, et spécialement au pêcher, dont les rameaux à fruit doivent, chaque année, être rapprochés sur un bourgeon qu'on a disposé à cet effet, et que l'on nomme branche ou rameau de remplacement. C'est par la même raison que l'on rapproche encore les vieux arbres, et ceux qu'une fructification trop abondante rend languissants.

9. Ravalement.

123. Ravaler, c'est couper toutes les branches latérales ou secondaires d'un arbre à leur insertion sur la tige ou sur les branches mères, qu'on laisse intactes; cette opération tient le milieu entre le rapprochement et le recepage, et ne doit s'appliquer qu'aux arbres dans un état de grande langueur.

10. Recepage.

124. Il s'applique, généralement, sur les vieux arbres auxquels il reste encore assez de vigueur pour le développement et la formation de nouvelles branches. Les jeunes arbres mal dirigés ou soumis à une taille vicieuse peuvent également être recepés pour l'amélioration de leur forme et de leur durée; cette opération consiste à couper leur tige un peu au-dessus de la greffe.

§ 3. — *Opérations d'été.*

125. Ces opérations sont au nombre de sept : l'ébourgeonnement, le pincement, le palissage, la torsion, la taille en vert, la suppression des fruits et l'effeuillement.

1. Ébourgeonnement.

126. On sait déjà que l'ébourgeonnement est la suppression des bourgeons inutiles et trop nombreux. Cette opération a des résultats bien précieux; elle concourt à l'embellissement et à la régularité de l'arbre, et lui donne une puissance de végétation plus considérable par le surcroît de séve qu'elle fait tourner au profit des bourgeons conservés.

127. Il varie selon la nature, la forme et la disposition des arbres; c'est sous ces trois points de vue que nous allons l'envisager.

128. D'abord une règle générale qui s'applique non-seulement aux espaliers de quelque forme et de quelque nature qu'ils soient, mais encore aux pyramides et aux hauts vents, c'est qu'il ne faut jamais laisser croître plusieurs bourgeons sur la même insertion; car il arrive assez communément, dans le pêcher surtout, que les rameaux de prolongement des branches charpentières présentent des boutons triples ou doubles qui se développent en autant de bourgeons. Si ces bourgeons sont en dessus, c'est toujours le plus faible qu'il faut conserver; le contraire a lieu s'ils sont en dessous, ce qui d'ailleurs est plus rare.

Parmi les arbres en espalier, j'examinerai d'abord le pêcher, qui fait à lui seul une exception.

129. La végétation extraordinaire de cet arbre exigeant le palissage de toutes ses ramifications ligneuses et herbacées, on devra donc, pour éviter une confusion nuisible et d'un aspect peu flatteur, supprimer tous les bourgeons de devant et de derrière; c'est une règle générale qui n'admet pas d'exception.

130. Quant aux autres natures d'arbres en espalier, comme leurs branches fruitières ne doivent pas être palissées et sont toujours en moins grande quantité que sur le pêcher, on ne supprime que celles de derrière, pour faciliter le palissage des branches charpentières, et on laisse croître toutes celles de devant et des côtés. Seulement la forme en palmettes simple et double et la forme pyramidale exigent de plus, pour éviter toute confusion, le retranchement, sur la tige et sur les branches mères, de toutes les productions qui ne sont pas branches latérales. Quant aux hauts vents, l'ébourgeonnement, indépendamment de la grande règle générale, ne consiste que dans la suppression de leurs bourgeons, à partir du collet de la greffe jusqu'aux premières ramifications charpentières.

131. L'époque de cette opération ne doit pas être prise au hasard ; c'est la végétation de l'arbre qui la détermine. Si le sujet est vigoureux et qu'il présente une charpente fortement constituée, on supprimera les bourgeons le plus tôt possible, c'est-à-dire au fur et à mesure qu'ils présenteront de 12 à 15 centimètres de longueur.

132. Pour les arbres d'une faible ou d'une moyenne constitution, il est nécessaire d'attendre plus tard, pour leur donner le temps de se fortifier, car on doit se rappeler que la séve se porte avec plus d'abondance là où les ramifications sont plus nombreuses.

C'est pour cela encore que, sur un même sujet, la suppression des bourgeons devra être plus tardive sur les branches faibles et se faire plus tôt sur les fortes.

133. Quant au mode d'ébourgeonnement, on peut le faire à la main pour les bourgeons les plus herbacés, et à la serpette pour ceux dont le bois plus dur offrirait trop de résistance.

2. Pincement.

134. Il ne faut pas confondre le pincement avec l'ébourgeonnement : celui-ci, comme nous venons de le voir, est la suppression totale des bourgeons inutiles ; celui-là ne fait que retrancher la partie tendre et herbacée de ceux que l'ébourgeonnement a respectés. Cette opération se fait avec l'ongle du pouce et l'index. Son but est de ralentir l'ardente végétation des uns et de favoriser la croissance des autres, en leur ménageant une plus grande puissance d'aspiration de la séve. Il est facile, maintenant, d'en tirer les conséquences pratiques.

135. En général, tous les bourgeons qui menacent de prendre un accroissement outre mesure et capable de détruire l'équilibre d'un arbre doivent être pincés pour devenir semblables aux bourgeons **K.** C'est principalement dans les étages supérieurs de la charpente, sur le dessus et à l'extrémité des branches qu'ils se rencontrent.

136. Tous ceux qui avoisinent le bourgeon terminal de la tige ou des branches charpentières doivent également subir l'opération du pincement pour deux raisons : la première, afin que leur croissance ne nuise pas au bourgeon terminal, qui doit toujours dominer ; la seconde, afin que cette même croissance ne laisse pas les bourgeons inférieurs dans un état languissant.

137. Il arrive aussi, quelquefois, que le bourgeon terminal a besoin d'être pincé, c'est toujours, par la même raison, lorsque sa croissance a lieu au détriment des bourgeons et des yeux inférieurs qu'il laisse dépérir, en attirant à lui la séve qui leur est destinée.

138. C'est pour cela, aussi, qu'en faisant l'application du pincement sur une échelle moins étendue on rogne sur les crochets tous les bourgeons qui menaceraient de devenir trop vigoureux et de nuire au développement d'autres utiles. On ne doit pas négliger cette dernière observation pour les rameaux à fruit du pêcher, qu'on ne doit jamais laisser croître aux dépens des bourgeons inférieurs destinés à devenir branches de remplacement.

139. L'époque du pincement est déterminée par la végétation de chaque sujet ; mais on doit se rappeler qu'il ne faut pas courir le risque de perdre les yeux qui se forment à la base des bourgeons par un pincement trop tardif, et qu'il ne faut pas non plus les faire dégénérer en faux bourgeons par trop de précipitation.

140. N'oublions pas que le pincement est un excellent moyen de conserver et de rétablir l'équilibre dans la charpente d'un arbre ; cette observation apporte des modifications dans l'époque que détermine la végétation. Ainsi les productions des branches faibles devront être pincées après celles des branches fortes , et lorsqu'elles seront arrivées au même degré de force et de végétation.

Les observations que je donne ici pour le pincement étant générales, je n'ai pu en préciser la longueur, attendu qu'elles s'appliquent à toutes les formes et à toutes les variétés d'arbres fruitiers ; cette longueur varie depuis 3 jusqu'à 20 centimètres. Pour plus de précision, on n'aura qu'à se reporter à l'application de ces principes sur chaque forme et pour chaque genre d'arbres fruitiers.

3. Palissage.

141. Cette opération estivale, que l'on nomme palissage en vert, ne s'applique généralement qu'aux jeunes productions ou bourgeons que la végétation a fait développer.

142. Les principes que j'ai tracés pour le palissage en sec trouvent ici la même application.

143. Les bourgeons destinés à garnir l'arête des branches charpentières doivent être, il est vrai, inclinés sur ces

dernières; mais cette inclinaison se trouve modifiée par des circonstances dont j'ai déjà parlé (109), et que je vais rappeler brièvement.

144. Ainsi les bourgeons placés sur la partie supérieure et au-dessus des branches inclinées ont toujours tendance à devenir plus forts que ceux des parties inférieures ou qui se trouvent placés dans les dessous; on leur donne un palissage plus incliné et plus serré sur la charpente, afin de diminuer leur vigueur, et on favorise, au contraire, les bourgeons les moins vigoureux par une position plus libre et plus rapprochée de la ligne verticale.

145. On doit attendre, pour faire le palissage, le moment où les bourgeons acquièrent une consistance ligneuse : plus tôt, ils seraient trop tendres et pourraient se rompre; plus tard, il deviendrait trop difficile de leur faire prendre une bonne direction.

146. Toutes ces observations ne regardent que le pêcher; le palissage en vert pour les autres arbres, quelles qu'en soient la nature et la forme, n'est applicable qu'aux bourgeons terminaux des branches charpentières, et ne consiste qu'à les faire glisser sur la petite baguette qu'on a eu soin d'y attacher après la taille d'hiver.

4. Torsion.

147. Cette opération n'est applicable qu'aux bourgeons destinés à devenir rameaux à fruit, et qu'on aura laissés, par négligence, acquérir un empâtement trop considérable. On tord donc ces bourgeons sur eux-mêmes; cette opération en détourne la sève et parvient à transformer leurs yeux en boutons à fruit.

148. Ce procédé ne peut s'appliquer au pêcher qu'avec

de grandes précautions, de peur qu'il occasionne la maladie de la gomme.

5. Taille en vert.

149. La taille en vert, nommée aussi taille de mai ou d'été, parce qu'elle se fait dans le cours de cette saison, s'applique spécialement aux branches à fruit du pêcher; on l'emploie, toutefois, pour les branches à bois de tous les arbres en général, mais dans des circonstances exceptionnelles.

150. Appliquée aux branches à fruit du pêcher et de l'abricotier, la taille en vert est basée sur ce principe, qu'il ne faut pas laisser consommer la séve par des rameaux inutiles. Ainsi il arrive communément que des branches fruitières sur lesquelles on avait compté pour la fructification ont trompé cette espérance; on les taille alors sur le bourgeon le plus inférieur, qui devient bourgeon de remplacement. On pratique également ce rapprochement, après la cueillette, sur les rameaux qui ont fructifié, afin de faire profiter leur bourgeon de remplacement d'un reste de séve que l'arbre conserve encore.

151. Quant aux branches charpentières, lorsqu'elles ont été bien taillées, convenablement pincées, la taille en vert leur est presque toujours inutile. Cependant il peut arriver, dans un arbre taillé en forme carrée, que des branches secondaires supérieures, malgré les pincements réitérés, poussent avec une vigueur surabondante; il faut alors les rabattre sur un faible bourgeon ou faux bourgeon, qui formera une nouvelle pointe. On rabattra également, sur un faux bourgeon plus ou moins vigoureux, le prolongement de toutes les branches qui, par suite d'une rupture, de la gomme ou d'un accident quelconque, deviendraient incapables de remplir ce but. Enfin il peut se former sur un même point, comme résultat même du pincement, et par suite du développement de plusieurs yeux, ce que l'on nomme communément tête d'osier, assemblage informe et capable de détruire l'équilibre de végétation ; on doit tailler sur le bourgeon le plus inférieur.

6. Suppression des fruits.

152. Le but de cette opération est de donner aux fruits qui restent plus de nourriture, leur faire acquérir une grosseur et une qualité d'une supériorité spécifique, et de ne pas épuiser l'arbre par une fructification surabondante. Il faudra donc retrancher les fruits trop serrés et ceux qui se trouvent sur les branches faibles, et de préférence à leur extrémité. On facilitera également, par ce moyen, le retour de l'équilibre.

L'époque la plus convenable pour cette opération est pendant le palissage en vert, dans les derniers jours de juin. On détache les fruits en les tournant sans secousse, afin de ne pas ébranler ceux qui restent.

7. Effeuillement.

153. Cette opération, malgré sa simplicité, demande encore des soins et de la circonspection ; elle a pour but de faire prendre aux fruits le parfum et le coloris qu'ils peuvent acquérir, en les exposant à l'air et aux rayons du soleil.

154. L'époque de l'effeuillement n'est pas indifférente ; elle doit avoir lieu lorsque les fruits ont acquis leur grosseur et vont entrer en maturité. Il ne faut pas les exposer trop subitement au soleil, mais ne les découvrir que successivement, comme pour les habituer au passage d'un état obscur à un état de clarté. On aura soin également de laisser le

pétiole et une partie du disque des feuilles, pour la conservation de l'œil placé à leur aisselle ; c'est surtout sur les
branches fortes, dont la vigueur a besoin d'être diminuée,
qu'il faudra pratiquer l'effeuillement. On aura soin, au
contraire, de conserver les feuilles qui nourrissent les branches faibles et les bourgeons languissants, afin de favoriser
leur fructification future.

155. Pour plus de sûreté, on fera bien, pour effeuiller,
de se servir du sécateur.

CHAPITRE III.

APPLICATION PRATIQUE DES PRINCIPES PRÉCÉDENTS.

Je rappellerai ici ce que j'ai dit (**101**), à savoir que tous
les arbres dont je vais parler, excepté le pêcher et l'abricotier, ne devront pas être taillés la première année de leur
plantation.

SECTION 1ʳᵉ. — DU POIRIER.

§ **1ᵉʳ.** — *Formation en pyramide.*

1. Pyramide à branches latérales alternes.

156. Parmi les formes d'arbres les plus majestueuses et
qui promettent en même temps une fructification plus abondante et une plus longue durée, on peut mettre au premier
rang la taille en pyramide.

157. On doit planter préférablement, à tous autres, des

sujets de deux ans de greffe, qui ont subi dans les pépinières les pincements et la taille nécessaires, dont les opérations, faites en temps opportun, ont fait sortir à leur base les huit ou dix premières branches latérales qui s'alternent autour de la tige (*pl.* Ire, *fig.* 5).

158. Cette nouvelle méthode, dans la culture des arbres en pépinière à l'usage des pyramides à branches alternes que mes expériences ont perfectionnées, rend les sujets plus faciles à la formation des branches latérales, et assure une pyramide parfaite et régulière ; elle est bien supérieure à l'ancien système, qui ne donne que des arbres entièrement privés des premières branches latérales (*fig.* Ire, *pl.* 1), que la main la plus habile a bien de la peine à faire sortir en deux ou trois ans : pour les obtenir, il faut rabattre la tige comme je l'indique plus bas.

159. Si, au contraire, vous conservez la tige dans toute sa longueur, comme vous pouvez le remarquer dans la plupart des jardins qui ont des pyramides élevées en pépinière d'après cette ancienne méthode, vous n'aurez que des arbres irréguliers et généralement privés de leurs premières branches latérales.

160. Pour faciliter l'intelligence de cet ouvrage, je parlerai d'abord des pyramides élevées d'après l'ancienne méthode, jusqu'à ce que les opérations de la taille les aient amenées au degré de la pyramide pincée en pépinière, dont nous étudierons ensuite la taille raisonnée et les développements successifs.

A. *Sur des arbres qui n'ont subi aucun pincement en pépinière.*

a. Première taille.

161. Comme je viens de le dire, ces arbres se trouvent totalement dépourvus des premières branches latérales. La

deuxième année de leur plantation, on devra les rabattre à
50 centimètres de la greffe, sur un œil destiné au prolongement de la tige (*pl.* Ire, *fig.* 2). On annulera les yeux jusqu'à la hauteur de 20 centimètres de la greffe, et, dans la
partie supérieure de 30 centimètres qui reste, on choisira
cinq à six yeux les mieux placés, alternativement autour de
la tige, pour leur faire à chacun et en dessus une incision
horizontale, en ne coupant seulement l'épiderme que d'une
largeur de 2 millimètres [*pl.* Ire, *fig.* 2 (1, 2, 3, 4, 5)], et en
conservant soigneusement intact l'œil terminal (6) ; cette
opération facilitera leur développement.

162. *Ebourgeonnement sur cette taille.* — Aussitôt que
les yeux latéraux ont atteint sur la tige une longueur de 8 à
10 centimètres, il faut examiner s'il n'en est pas sorti plus
qu'on n'en a choisi pour former les premières branches la-
rales, et dans ce cas les supprimer en ne laissant que ceux
qui sont déterminés pour cet effet (*pl.* Ire, *fig.* 4), et mettre un tuteur (B) au bourgeon terminal qui doit continuer la
tige ; car la coupe qu'on lui a faite, en la rabattant, lui occasionne une déviation de la ligne perpendiculaire, qui plus
tard produirait une courbe.

b. Deuxième taille.

163. La première taille et l'ébourgeonnement ont dû
produire cinq rameaux latéraux et un terminal pour le prolongement de la tige [*pl.* Ire, *fig.* 4 (1, 2, 3, 4, 5)].

164. *Taille sur le prolongement de la tige.* — Le rameau
terminal (6) doit être rabattu à 30 centimètres de la dernière coupe, et toujours sur un œil opposé à celui de la
taille précédente ; on choisira de nouveau cinq à six yeux
latéraux pour former de nouvelles branches.

165. *Taille sur les branches latérales.* — Les rameaux

latéraux (**1, 2, 3,** 4) doivent être taillés, à la base, à 15 centimètres de longueur, sur un œil en dessous, et le voisin du
terminal (5) à 5 centimètres ; les autres bourgeons intermé-
diaires devront conserver une pente et former comme une
espèce de cône.

166. Malgré les incisions que l'on a pratiquées à la première taille, si un ou plusieurs yeux destinés à la formation
des branches latérales ne s'étaient pas développés en bourgeon, on renouvellerait plus profondément l'entaille horizontale (C), et on y ajouterait les incisions longitudinales (D)
(*fig*. 3, *pl*. Ire) ; on pourrait aussi y placer un écusson.

167. *Pincement et ébourgeonnement sur cette taille.* —
1° *Sur le prolongement de la tige.* — On doit de nouveau
surveiller la végétation des bourgeons sur le prolongement
de la tige, et ne laisser que ceux que l'on a combinés à la
taille, pour former de nouvelles branches latérales, en leur
donnant les soins détaillés plus loin (**166**).

168. 2° *Sur les branches latérales.* — Il faudra également appliquer aux yeux placés sur les premières branches
latérales les opérations que j'indique au pincement et à l'é-
bourgeonnement (**170**).

169. Voilà maintenant ces arbres ramenés à un état aussi
parfait que ceux qui ont été élevés en pépinière sous la méthode du pincement, et il n'y aura, désormais, plus de différence dans la taille, le pincement et l'ébourgeonnement
à leur donner chaque année ; mais pour en arriver là, on a
perdu deux années, comme on peut le remarquer, et encore a-t-il fallu une main habile pour obtenir ce résultat :
c'est donc avec raison que je conseille, aux personnes qui
veulent faire des plantations, de choisir des sujets qui aient
été pincés en pépinière.

B. *Sur des arbres qui ont été pincés en pepinière.*

a. Première taille.

170. Les premières branches latérales doivent être placées sur la tige de 20 à 25 centimètres du sol; s'il s'en trouve plus bas, on devra les supprimer, et n'en laisser que la quantité nécessaire pour garnir la tige de branches latérales alternes ou continues; elles doivent être au nombre de huit à dix (*pl.* 1re. *fig.* 5), dans un espace de 50 à 55 centimètres. Si un ou plusieurs yeux qui doivent les former n'étaient pas sortis dans les pépinières, on devra pratiquer les incisions horizontales et longitudinales dont j'ai parlé précédemment (115) (*pl.* 1re, *fig.* 3), afin d'agglomérer une plus grande quantité de séve que leur empâtement aurait pu attirer; ce moyen les avantage beaucoup et rend leur végétation plus vigoureuse.

171. *Sur le prolongement de la tige.* — La flèche qui doit faire le prolongement de la tige a été rabattue en *c*, à 25 centimètres au-dessus de la coupe précédente (*pl.* 1re, *fig.* 6); sur ce prolongement on établira les onzième à quinzième branches latérales qui s'alterneront autour de la tige comme les précédentes; l'œil supérieur devra être taillé avec soin et à l'opposé de la précédente coupe, afin que la tige, en se prolongeant successivement, se tienne toujours perpendiculaire.

Nota. Cet œil, combiné pour le prolongement de la tige. fait souvent varier de quelques centimètres dans la longueur, par la raison que j'ai indiquée, qu'il fallait toujours le choisir à l'opposé de celui de la taille précédente; la mesure que j'indique est la moyenne.

172. *Sur les branches latérales.* — Les branches latérales, comme je l'ai observé plus haut (165), doivent être

4

taillées à la base *d*, à 25 centimètres de longueur, et aller successivement en diminuant jusqu'à la dernière *f*, voisine du prolongement de la tige, qui ne devra avoir que 5 centimètres (*pl.* 1ʳᵉ, *fig.* 6).

173. On fera la coupe en dessus, pour avoir en dessous l'œil terminal combiné pour le prolongement des branches latérales.

174. Cet œil est préférable à tous les autres, car il conserve les branches dans la position horizontale qu'elles doivent occuper, tandis que ceux de côté occasionnent des courbes, et que ceux de dessus les rapprochent trop de la tige et forment confusion.

175. *Sur les crochets.* — S'il existe quelques crochets sur les branches latérales, on devra les tailler à trois yeux, car il ne faut pas oublier que l'arbre a déjà subi une taille en pépinière et qu'il a pu en résulter le développement de quelques bourgeons à la base des branches latérales ; il pourrait même se trouver sur leurs rameaux de prolongement quelques faux bourgeons que l'on devra également tailler à trois yeux. Ce dernier fait est rare, car les yeux latéraux ne se développent ordinairement sur le poirier que sur du bois d'un an (*pl.* 1ʳᵉ, *fig.* 6, *e*).

b. *Pincements et ébourgeonnements à la suite de la première taille.*

176. *Sur le prolongement de la tige.* — On doit surveiller attentivement la végétation des sujets et voir si les yeux latéraux placés sur le prolongement que l'on a donné à la tige, par la taille, se développent en bourgeons. Aussitôt que les deux voisins du terminal qui doit continuer la tige ont atteint la longueur de 10 à 12 centimètres, il faut les pincer, afin de laisser la supériorité au terminal (*pl.* 1ʳᵉ, *fig.* 7, **1**, **2**), car ils lui nuiraient beaucoup et formeraient un empâtement trop fort pour leur première année. On aura soin également de choisir cinq à six bourgeons, les mieux placés alternativement sur le prolongement de la tige, pour former, à la taille suivante, de nouvelles branches latérales en harmonie avec les précédentes, et de veiller à ce qu'ils ne prennent pas trop de développement et ne puissent rivaliser avec le terminal. On devra donc les pincer s'ils ont de 15 à 20 centimètres de longueur, et s'en abstenir, s'ils ne présentent pas ce développement, qui pourtant n'est pas nuisible, si la flèche reste dominante, et si les productions inférieures ont une vigueur proportionnée.

177. Si cependant le bourgeon terminal présentait un trop grand développement et pouvait ainsi nuire à la végétation des bourgeons inférieurs en attirant à lui une trop grande quantité de séve, il faudrait le pincer à 20 centimètres de longueur, sur un œil opposé à celui que la précédente taille a choisi, et rogner les nouveaux bourgeons occasionnés par ce pincement, aussitôt leur développement, en ne laissant que le terminal.

178. S'il sortait plusieurs bourgeons sur l'empâtement d'un œil, on devra n'en laisser qu'un, celui qui serait le mieux placé et qui alternerait avec l'ensemble des branches latérales ; sans cette précaution, ces bourgeons formeraient une bifurcation ou une irrégularité.

179. Il pourrait arriver que l'œil terminal, qui doit continuer la tige, vînt à être endommagé ; dans ce cas, les deux autres qui se trouvent au talon, de chaque côté, malgré leur imperceptibilité, sortiraient, et l'un d'eux pourrait le remplacer : cet inconvénient arrive assez souvent involontairement, et l'on ne saurait prendre trop de précautions pour l'éviter.

180. *Sur les branches latérales.* — Dès que les yeux

placés sur leur prolongement sont devenus bourgeons et ont atteint 5 à 6 centimètres de développement, il faut examiner ceux qui ont tendance à dominer leurs voisins, et les pincer à trois feuilles pour les variétés les plus vigoureuses, et à cinq feuilles pour celles qui le seront moins, afin d'avantager les bourgeons les plus faibles [*pl.* 1re, *fig.* 7 (3, 4, 5, 6)].

Si l'équilibre règne entre eux, on devra les pincer tous s'ils sont forts, et les laisser s'ils ont peu de vigueur (7, 8, 9, 10).

Le bourgeon terminal doit toujours rester intact et plus volumineux.

181. Il suffit de pincer une fois les bourgeons latéraux pendant une végétation, s'ils ne présentent pas un fort développement ; mais si le contraire a lieu, il faudra réitérer les pincements au fur et à mesure que la végétation l'exigera, et opérer chaque fois à trois feuilles au-dessus du pincement précédent.

Ces opérations, tout en empêchant les bourgeons d'être trop volumineux et en les maintenant dans un état convenable, pourront, un an après, rendre boutons à fruit les yeux placés à leur base. On devra en agir de même avec les voisins des bourgeons terminaux, qui, autrement, prendraient un empâtement trop prononcé et formeraient une bifurcation avec ces derniers.

182. Il doit y avoir, sur toute la longueur des branches latérales d'une pyramide, des crochets qui s'alternent les uns les autres, et sur lesquels les branches fruitières sont attachées. L'écartement qu'il doit y avoir entre chacun d'eux est fixé par celui des yeux, à l'insertion desquels il doit être établi un crochet.

183. Il y a des personnes qui, du voisin d'un bourgeon terminal L, forment une branche latérale (*pl.* 1re, *fig.* 7), je ne le conseille pas, car cette bifurcation est nuisible à la cir-

culation de la séve, contrarie l'équilibre de la charpente et
dépare la régularité de l'arbre.

184. Cette opération ne s'applique qu'aux branches charpentières, et ne regarde en aucune manière les branches à
fruit, qui se composent de dards, de cornes et de brindilles
formant tous des bifurcations (*pl.* 1re, *fig.* 9, 1, 2, 3, 4).

185. *Sur les crochets et les branches fruitières.* — S'il se
trouve quelques branches fruitières sur les crochets que l'on
aura taillés pour la première fois, on devra leur donner les
soins que j'indique à la deuxième taille (202).

c. Deuxième taille.

186. On a vu que les huit ou dix premières branches latérales ont été formées en pépinière, et que les onzième à
quinzième sont le résultat de la première taille.

187. La taille que nous allons analyser garnira donc de
branches latérales le nouveau prolongement que l'on va
donner à la tige.

188. Si, malgré le pincement en pépinière, il a fallu, à
la première taille, pratiquer des incisions pour faire sortir les
branches latérales qui pouvaient manquer sur la tige, il faut
examiner si elles ont produit leur effet, et, si les yeux
étaient encore restés latents, on devra renouveler plus profondément ces incisions [*pl.* 1re, *fig.* 3, C D (115)]. On devra agir ainsi sur les tailles suivantes, toutes les fois que le
besoin s'en fera sentir. On peut aussi suppléer au manque
de branches latérales par le placement d'écussons.

189. En général, la nature de la taille de la pyramide
varie selon que le sujet se trouve sur un sol généreux ou
ingrat, donnant une forte ou une maigre végétation. Dans
ces deux hypothèses, on devra examiner si tous les yeux latéraux placés sur le prolongement de la tige sont sortis et

peuvent donner naissance à de nouvelles branches latérales; on aura dû les surveiller à l'époque du pincement et de l'ébourgeonnement, en affaiblissant les forts et en fortifiant les faibles (*pl.* 1re, *fig.* 7, a, b, c, d, e, f), afin qu'il règne entre eux une bonne harmonie.

190. Il pourrait arriver, par des avaries de quelque nature que ce fût, que des branches latérales d'une pyramide n'eussent donné qu'une maigre végétation ; on devra donc, pour aider et fortifier leur développement, revenir à la taille sur la flèche qui fait le prolongement de la tige, et la couper à deux ou trois yeux sur un autre destiné à la prolonger, et qui, après la coupe, prend le nom d'œil terminal combiné ; la séve alors se trouvera refoulée et pourra circuler abondamment dans les branches faibles qu'on aura soin de laisser dans toute leur longueur, en tenant, au contraire, plus courtes celles qui sont plus vigoureuses.

191. Ces préliminaires établis, passons à l'hypothèse d'un sol généreux et d'une végétation active.

192. *Sur le prolongement de la tige.* — Le sujet sur lequel nous allons opérer est à sa deuxième année de plantation. On rabattra la flèche sur un œil terminal combiné toujours en sens opposé à celui de la taille précédente, à 33 centimètres de longueur (*pl.* 1re, *fig.* 8, A), sur laquelle on établira cinq à six nouvelles branches latérales.

193. *Sur les branches latérales.* — C'est la taille que l'on a donnée au prolongement de la tige qui règle la longueur des branches latérales; il faut conserver dans leur ensemble une pente de 65° (même *fig.*) à partir de l'œil terminal combiné pour le prolongement de la tige jusqu'à leur base, comme l'indiquent les deux lignes aboutissant en A. Il en doit être de même pour les tailles suivantes.

194. Je vais préciser ici la longueur que l'on devra

donner aux branches latérales maigres f, g, et à celles qui ne sont sorties qu'après des incisions réitérées h, et qui se trouvent composées de bois de l'année (*pl.* 1re, *fig.* 8); on devra leur donner un prolongement de 15 à 20 centimètres de plus qu'aux autres et leur mettre un tuteur **T**, afin de les protéger contre les vents et les tourmentes ; il faudra bien se garder de leur supprimer aucun bourgeon pendant la végétation et de leur faire aucun pincement (*pl.* 1re, *fig.* 8, *f*, *g*). En employant ces moyens on ne tardera pas à en reconnaître les avantages.

Nota. On devra remarquer, comme règle générale, qu'il doit y avoir sur la tige d'une pyramide huit à dix branches latérales dans une longueur de 50 à 55 centimètres; il faut éviter toute confusion entre elles et faire en sorte que l'air et le soleil pénètrent entre les feuilles; autrement, il y aurait désorganisation dans les branches à fruit, qui s'annuleraient successivement; il n'en resterait plus que vers l'extrémité des branches latérales, qui donneraient nécessairement peu de fruit.

195. Disons un mot des principes de la taille dans l'hypothèse d'un sol généreux et d'une faible végétation.

196. Elle devra modérer le prolongement de la tige et ne lui donner qu'une longueur de 15 à 20 centimètres sur laquelle on n'obtiendra que trois à quatre branches latérales; cette longueur déterminera celle de ces dernières (193). Une taille allongée pour les sujets d'une faible croissance appauvrirait leur base au profit des extrémités; la séve n'étant pas suffisante pour nourrir les productions inférieures, les boutons à fruit placés sur les branches latérales s'annuleraient, et la fructification de l'arbre ne s'opérerait que dans les parties supérieures.

197. *Sur les branches fruitières et les crochets.* — La

taille que l'on a donnée aux branches latérales, l'année précédente, a fait développer les yeux latéraux placés dans leur longueur. L'ébourgeonnement et le pincement que j'ai indiqués (180, 181, 183) auront dû établir une régularité entre eux. Le développement, en bourgeons, de ces yeux a constitué des crochets; on devra les tailler à quatre yeux à la base, et à trois vers l'extrémité des branches. Il ne faut pas confondre les crochets naissant sur le prolongement annuel de la charpente, avec ceux qui ont déjà subi des tailles; la longueur qu'on doit leur donner n'est pas la même.

198. S'il s'en est trouvé quelques-uns à la taille précédente, il faudra, à celle-ci, les prolonger d'un œil; ils doivent être placés alternativement autour des branches latérales et avoir entre eux une distance régulière.

199. S'il se trouvait, sur les branches latérales, des yeux dont le développement fût tardif, on pourrait leur appliquer les incisions indiquées (115).

200. Si le pincement n'a pas été bien suivi et qu'il se trouve, au contraire, des crochets devenus trop forts b (*fig.* 8), il faut les tailler à un œil c au-dessus de leur insertion pour arrêter leur empâtement, ne laisser sortir qu'un seul bourgeon aussitôt son développement, et avoir soin de le pincer dès qu'il aura trois feuilles, et successivement de trois en trois feuilles, s'il présente de nouveau une trop grande végétation. Si malgré ces pincements sa croissance devenait inquiétante, on lui appliquerait la torsion comme je l'ai expliqué (147). C'est ainsi qu'on parviendra à reformer cette partie vicieuse et endommagée; cette observation est applicable à tous les arbres en espalier, à l'exception du pêcher et de l'abricotier.

Nota. Si l'inconvénient signalé paragraphe 111 venait à se présenter, on aurait recours au remède qui y est indiqué.

d. *Pincements et ébourgeonnement à la suite de la deuxième taille.*

201. *Sur le prolongement de la tige et sur les branches latérales.* — Ces deux opérations sont absolument semblables à celles de la première taille ; je n'y reviendrai donc pas (176-180).

202. *Sur les crochets et les branches fruitières.* — Quand les yeux, placés sur la longueur des crochets, ont un développement de 7 à 8 centimètres, on peut reconnaître les bourgeons qui se trouvent à fruit et ceux à bois ; on devra rigoureusement pincer ces derniers à trois feuilles, et successivement, si leur végétation l'exige. On pourra encore tordre ces bourgeons sur eux-mêmes ; ce moyen détournera la séve et transformera leurs yeux en boutons à fruit ; s'il ne suffit pas, on emploiera un palissage incliné, en les serrant, au moyen d'une attache, à la branche charpentière qui les supporte. On aura soin de respecter les bourgeons qui promettent du fruit.

Quant au pincement des crochets naissants sur le prolongement que la taille précédente a donné aux branches latérales, on en trouve les instructions (180).

e. Troisième taille et suivantes.

203. *Sur le prolongement de la tige.* — Elles ne diffèrent en rien de celles des années précédentes ; je ne m'y arrêterai donc pas (171). Je rappellerai, néanmoins, qu'on devra rabattre la flèche qui fait le prolongement de la tige de 15 à 33 centimètres, selon la qualité du sol ou la variété du fruit, et établir de trois à six nouvelles branches latérales.

204. Il est toujours prudent, comme je l'ai fait remarquer, de ne pas donner à la tige un prolongement plus fort que la végétation ou la variété n'exigent, autrement il arriverait' une désorganisation entre les branches latérales que la séve ne pourrait entretenir.

205. *Sur les branches latérales.* — La taille des branches latérales est également semblable aux précédentes; elle doit se faire sur un œil en dessous, et en rapport avec la pente de 65° qu'il faut donner à l'ensemble des branches latérales de la pyramide (193).

206. *Sur les crochets et les branches fruitières.* — Le pincement, l'ébourgeonnement et les tailles qu'ils ont subis doivent avoir équilibré leur ensemble sur les branches latérales et fait naître des bourgeons à bois *b* et à fruit *c* (*fig.* 9). Il faut rapprocher les premières à trois yeux de leur insertion, et respecter, la première année de leur croissance, les dards, cornes et brindilles. [*Voyez*, pour la taille des crochets (197)].

207. Voyez, pour l'ébourgeonnement, ce que j'ai dit (130).

g. *Pincements à la suite de la troisième taille.*

208. *Sur le prolongement de la tige et sur les branches latérales.* — Ce sont également les mêmes opérations qu'à la première taille (176-180).

209. *Sur les crochets et les branches fruitières.* — On aura soin de ne pas laisser prendre trop d'empâtement aux bourgeons à bois, qui domineraient ceux à fruit. J'ai donné de longs détails à ce sujet (202).

210. S'il arrivait, par accident, que des branches latérales se trouvassent privées de quelques branches fruitières, on pourra, pour en constituer de nouvelles, employer la greffe en couchage indiquée (81).

Nota. On conçoit qu'il arrivera un âge où le sujet ne donnera plus qu'une croissance presque nulle; l'extrémité

des branches et de la flèche ne s'allongera pas d'une manière sensible. Tous les efforts de la taille devront alors conserver l'arbre dans un état de force et de santé. C'est surtout sur les branches fruitières qu'elle devra porter tous ses
soins et sa vigilance ; car, après avoir fructifié, elles tentent
toujours de s'allonger. Il faudra les rabattre sur un œil inférieur, afin de permettre aux yeux, qui sont à la base, de
sortir et de fructifier à leur tour ; autrement, il en résulterait un mélange et une confusion de longues bifurcations
fruitières, et l'arbre perdrait sa belle régularité et son équilibre.

2. Pyramide à branches en couronne.

211. Outre la forme en pyramide à branches latérales
alternes dont je viens de donner les notions pour le poirier, il y a encore la forme en pyramide à branches dites en
couronne et placées par étage sur la longueur de la tige.

212. La simplicité de cette forme et l'extrême facilité de
sa conduite me dispensent d'en donner une figure : je ne
parlerai également ni de la taille, ni du pincement et de
l'ébourgeonnement, ni des soins à donner aux crochets et
aux branches fruitières, toutes ces opérations étant en tout
semblables à celles que j'ai décrites pour la pyramide à
branches alternes ; je me contenterai de donner les moyens
d'obtenir les branches latérales.

213. On rabat le sujet à 50 centimètres de la greffe ; sur
sa tige ainsi rabattue, et à partir de 30 centimètres de la
greffe jusqu'au sommet, on combine sept yeux, dont six
pour la formation de la première couronne de ramification, et un pour le prolongement de la tige. On pratique,
s'il le faut, les entailles et les incisions que j'ai décrites précédemment, et, si l'on a besoin d'un œil pour obtenir une

branche latérale, on pourra se servir de la greffe en écusson à œil dormant.

214. Le prolongement successif que l'on doit donner, chaque année, à la tige est de 50 centimètres ainsi répartis : 30 centimètres pour l'écartement qu'il doit y avoir entre chaque étage, et 20 centimètres pour chaque couronne de branches latérales. L'ébourgeonnement supprime tous les bourgeons autres que les sept combinés.

§ 2. — *Formation en palmette simple.*

A. Première taille.

215. Les sujets plantés dans les conditions que j'ai expliquées (3-11) doivent être rabattus à 30 centimètres de la greffe sur un œil en devant A, combiné pour le prolongement de la tige, et sur deux autres B C, immédiatement au-dessous et de chaque côté, d'où doivent sortir les premières branches latérales (*pl.* 1re, *fig.* 10).

216. Je ferai observer ici, comme règle générale, que les branches latérales qui se succèdent, chaque année, doivent être formées par des yeux de côté les plus rapprochés les uns des autres, afin qu'elles ne s'alternent que le moins possible (*pl.* 1re, *fig.* 10, B C).

217. Pour faciliter le développement des deux yeux inférieurs, on devra faire au-dessus de chacun d'eux une incision horizontale comme je l'ai expliqué (115).

a. *Ébourgeonnement et palissage en vert.*

218. Il faut surveiller attentivement la végétation; si les yeux qui existent au talon des trois autres combinés, ainsi que ceux qui peuvent se trouver à la base de l'arbre, ve-

naient à se développer, on devra les supprimer dès que les trois combinés auront atteint une longueur de 15 à 20 centimètres, et on palissera successivement ces derniers, pendant le cours de la végétation, avec du jonc sur le treillage ou sur le mur à la loque, en leur donnant une position semblable à celle des trois doigts supérieurs de la main, qu'on écarte l'un de l'autre (*pl.* 1re, *fig.* 11).

B. Deuxième taille.

219. 1° *Sur le prolongement de la tige.* — La flèche doit être coupée à 20 ou 25 centimètres de la dernière taille, suivant la végétation ou la variété de l'arbre, également sur un œil de devant D ou de derrière, combiné pour le prolongement de la tige, et sur deux autres E, immédiatement au-dessous, un de chaque côté, pour la formation de nouvelles branches latérales (*pl.* 1re, *fig.* 11). On devra, chaque année, palisser de suite cette coupe, afin de la maintenir dans sa bonne position. J'ai dit qu'il fallait prendre le prolongement de la tige sur un œil de devant ou de derrière, car, s'il était pris sur un œil de côté, la courbe que produit la taille serait toujours apparente et dérangerait la tige de la ligne perpendiculaire qu'elle doit continuer. Cette longueur donne l'écartement qu'il doit y avoir d'une branche latérale à l'autre (25 centimètres).

220. 2° *Sur les branches latérales.* — Ces branches devront être coupées, à leur première taille, à 30 centimètres de longueur, sur un œil *g* également de devant ou de derrière, et attachées un peu plus horizontalement qu'au précédent palissage, avec de l'osier ou à la loque, selon la construction du mur (*pl.* 1re, *fig.* 11). Si elles ne se trouvaient pas de la même force, et que l'une eût mieux végété que l'autre, on devra, en les palissant, tenir la forte H plus horizontale, et la faible F plus verticale (*pl.* 1re, *fig.* 13).

221. Si le bourgeon qui doit former la tige avait été pris, à défaut du terminal, sur un œil latéral, dans la longueur de la dernière coupe, il devra se trouver un onglet qu'il faudra retirer à cette taille (*pl.* 2, *fig.* 29, A). Lorsqu'il y aura nécessité, on devra faire cette opération sur tous les arbres en espalier.

222. Si l'on a des murs treillagés, il est très-convenable, pendant la taille, de fixer sur chaque œil, d'où doit sortir le prolongement de la charpente, une petite baguette J de 50 à 60 centimètres de longueur, et grosse comme un brin de sarment ; on fait glisser le bourgeon sur elle à mesure qu'il se développe, en l'attachant avec du jonc (*pl.* 1re, *fig.* 12). Cette précaution facilite la bonne direction des branches et leur évite des courbes, tout en les garantissant d'être cassées avant le palissage, qui n'a lieu que lorsque les bourgeons ont atteint la longueur d'une maille du treillage, et très-souvent alors les courbes sont déjà formées.

a. *Palissage en sec.*

223. Les palissages en vert, pendant la végétation, auront dû établir un équilibre entre les deux rameaux qui doivent former les premières branches latérales et celui qui doit continuer la tige ; il faut donc, après la taille, palisser ces rameaux dans la même position que le palissage en vert leur avait donnée.

b. *Ébourgeonnement, pincement et palissage en vert.*

224. 1° *Sur le prolongement de la tige.* — Aussitôt que les yeux placés sur le prolongement de la tige et développés en bourgeons ont atteint une longueur de 15 à 20 centimètres, il faut fixer avec une attache le bourgeon terminal qui doit former ce prolongement, et choisir ses deux voisins, pour constituer, de chaque côté, une nouvelle branche latérale (*pl.* 1re, *fig.* 12). On les palissera dans une position presque verticale pour aider leur développement, et on aura soin de supprimer tous ceux qui pourraient se trouver sur le même prolongement.

225. 2° *Sur les branches latérales.* — L'ébourgeonnement se pratique comme il est indiqué aux opérations d'été.

226. Il faut aussi surveiller la végétation des bourgeons placés sur les branches latérales que l'on a obtenues à la précédente taille, et remédier, s'il y a lieu, à leur inégalité de force. On devra donc arrêter les forts K en les pinçant quand ils ont atteint une longueur de 2 à 3 centimètres, et réitérer ces pincements s'ils reprenaient de nouveau un trop fort développement, en ayant soin de respecter les faibles L (*pl.* 1re, *fig.* 12).

227. Il n'y a à palisser que les bourgeons combinés pour le prolongement des branches latérales ; on le fera dès que leur développement le permettra, afin de les garantir de la violence des vents ou de tout autre accident.

C. Troisième taille.

228. 1° *Sur le prolongement de la tige.* — La flèche qui prolonge la tige doit être taillée à la même longueur et de la même manière qu'à la taille précédente.

229. La longueur que l'on donne à son prolongement est invariable ; c'est elle qui, comme je l'ai dit précédemment, détermine l'écartement d'une branche à l'autre. Pour que l'arbre soit régulier, il faut que cet écartement soit uniforme, et que le diamètre des branches latérales (2, 3, 4, 5) soit de force égale et de même dimension ; elles différeront cependant de la tige I, qui, malgré tous les soins, est

toujours plus forte (*pl.* 1re, *fig.* 12). C'est au moyen du pincement et du palissage que l'on parvient à leur donner cette régularité (234).

230. Règle générale, quelque forte que soit la végétation d'un sujet, il ne faut jamais chercher à former en une taille deux étages de nouvelles branches latérales; il en résulterait un désordre dans la circulation de la séve et un grand épuisement pour plusieurs branches.

231. 2° *Sur les branches latérales.* — Ces dernières varient beaucoup dans le prolongement qu'on doit leur donner à la taille, quand il ne règne pas entre elles une parfaite régularité; il faut donner plus de longueur aux branches faibles, que l'on palissera plus verticalement, et couper plus court celles qui sont plus vigoureuses (*pl.* 1re, *fig.* 13).

232. Les pincements qu'on aura pratiqués aux branches fruitières pendant la dernière végétation auront dû établir une régularité dans la grosseur et la longueur des bourgeons, de sorte qu'il ne soit résulté que du bois d'une moyenne constitution. Les crochets de cette condition devront alors subir leur première taille.

a. Première taille des crochets et des branches fruitières.

233. Elle devra se faire à 6 centimètres de longueur sur les bourgeons qui n'ont pas été pincés *m*, et à un œil au-dessus de la bifurcation produite par le pincement sur ceux qui auraient subi cette opération *n* (*pl.* 1re, *fig.* 13).

b. Palissage en sec sur la troisième taille et les suivantes.

234. Il doit résulter de la première et de la deuxième taille deux branches latérales de chaque côté de la palmette; chaque taille devra successivement en ajouter une nouvelle

de chaque côté, si aucun inconvénient ne vient embarrasser la marche.

235. On a, au palissage de cette taille, deux branches latérales, de chaque côté, à palisser : elles doivent occuper une position en rapport avec la taille qui leur a été donnée, car une branche faible qui a été coupée plus long doit occuper une position plus verticale, et une forte qu'on aura taillée plus court sera placée dans une position plus horizontale. Je crois inutile de pousser plus loin mes observations sur ce palissage, car ce sont les mêmes moyens à employer chaque année. Pour recueillir plus de renseignements, on n'aura qu'à se reporter à ceux que je donne (258 et 259).

c. Pincement sur les branches fruitières et sur les crochets.

236. Je donne, à ce sujet, de longs détails à la suite de leur deuxième taille (245-252); ce sont ici les mêmes opérations.

d. Ébourgeonnement et palissage en vert.

237. Ce sont les mêmes opérations qu'à la précédente taille; on peut également, pour de plus amples détails, se reporter à la taille suivante.

D. Quatrième taille.

238. Je crois inutile de donner une nouvelle description de cette taille : elle ne diffère en rien des précédentes soit pour le prolongement que l'on doit donner à la tige, soit pour la formation et le prolongement des branches latérales. J'ajouterai seulement une observation dont l'expérience ne fait que trop souvent sentir la nécessité.

239. C'est qu'il peut arriver des avaries de quelque nature que ce soit au bourgeon terminal du prolongement de la tige, de sorte qu'il n'ait pas atteint la longueur de 20 à 25 centimètres qu'il faut donner à la taille, selon la végétation et la variété de l'arbre, et d'où doivent sortir de nouvelles branches latérales ; dans cette hypothèse, on devra faire sa coupe à trois yeux sur le talon de ce bourgeon, au-dessus d'un œil opposé à celui de la taille précédente, pour en redresser la courbe (*pl.* Ire, *fig.* 13), et le laisser seul développer en bourgeon pour le prolongement de la tige. Il pourrait encore naître un désordre entre les branches latérales, que le pincement et le palissage ne pourraient rétablir ; si donc une d'elles F avait faiblement végété, et qu'elle ne pût s'équilibrer avec les autres, on devra la laisser dans toute sa longueur, lui donner au palissage une position plus verticale (*pl.* Ire, *fig.* 13), et tailler plus court les fortes H, que l'on palissera horizontalement. On rabattra également le bourgeon terminal en *i* comme je viens de l'indiquer, pour refouler la séve dans cette partie, quand même il aurait atteint la longueur déterminée pour l'écartement de nouvelles branches latérales.

q. Deuxième taille des crochets et des branches fruitières.

240. Nous avons maintenant trois natures de productions fruitières bien distinctes ; il y en a quelques-unes sur le prolongement que la précédente taille a donné aux branches latérales qui ont été pincées, et d'autres que le pincement a respectées (*pl.* Ire, *fig.* 14) : on opérera sur elles comme je l'explique (233).

241. Quant aux autres, la taille qu'elles ont subie a dû produire sur elles non-seulement des cornes, des dards, des brindilles O et des boutons à fruit, mais encore des bourgeons à bois P ; on respectera les premiers, et on taillera

les branches à bois à deux yeux au-dessus de leur insertion (*pl. Ire, fig. 14*).

242. Si le pincement n'avait pas été bien suivi et qu'il se trouvât des branches devenues trop fortes, il faudrait employer les moyens indiqués (200) à la deuxième taille des branches fruitières sur la pyramide.

b. *Ébourgeonnement sur les branches latérales.*

243. Avant d'entrer dans le détail du pincement et du palissage, disons un mot de l'ébourgeonnement; ce sont toujours les mêmes principes. Pour les branches d'un sujet régulier, supprimer, dès qu'ils auront trois ou quatre feuilles, tous les bourgeons placés derrière la charpente, et s'il s'en trouve plusieurs à l'insertion d'un œil, n'en laisser sortir qu'un seul. Pour les branches d'un sujet irrégulier, commencer l'ébourgeonnement sur les branches fortes, et le retarder le plus possible sur les faibles.

c. *Pincement et palissage en vert.*

244. Si le bourgeon terminal du prolongement de la tige prenait un trop fort développement au-dessus des inférieurs, on aurait recours au remède dont je parle à la première taille de la pyramide (67). Il faut maintenant voir s'il se trouve des branches latérales qui veulent dominer les autres malgré que le mode de palissage, indiqué aux tailles précédentes, n'aurait pu rétablir l'équilibre entre elles.

C'est le pincement qui doit amener ce résultat; je vais donc opérer d'abord sur un sujet irrégulier et dont les branches latérales fortes ont été palissées plus horizontalement que les faibles.

245. 1° *Sur un sujet irrégulier.* — Voyons en premier

lieu les bourgeons naissants qui se trouvent sur les crochets, placés dans la longueur des branches fortes. Il faut
les pincer à 3 centimètres dès qu'ils ont atteint un développement de 8 à 10 centimètres, s'ils présentent une vigoureuse croissance; on agira de même sur les branches fruitières en pinçant, s'il le faut, à plusieurs fois, les bourgeons
à bois qui prennent trop d'accroissement, et en laissant intacts les rameaux à fruit dont j'ai parlé (87, 88). On pourrait même opérer, au besoin, sur le bourgeon terminal
combiné, et lui pratiquer des pincements à 15 centimètres
de longueur.

246. Mais on devra agir tout autrement pour les parties
faibles qu'on aura dû palisser plus verticalement.

247. Il faut les laisser intactes, ainsi que tous les bourgeons qui auront pu se développer sur leur longueur jusqu'à
la taille suivante, et aider leur végétation en veillant à ce
que rien ne vienne leur nuire.

248. Ces moyens sont si puissants, qu'ils ne tarderont
pas à rétablir l'équilibre désiré; il est même à craindre que
les parties faibles ne finissent par dominer les autres. Il
faudra donc bien suivre leur végétation, et, dès qu'on les
verra arrivées au même degré que les fortes, leur ôter l'avantage du palissage vertical, et leur donner à chacune la position qu'elles doivent occuper [pl. Iʳᵉ, fig. 14 (1, 2, 3, 4,
5, 6, 7)].

249. Il me reste à parler d'un sujet qui a toutes ses branches latérales parfaitement équilibrées et placées chacune
dans leur direction (voyez même figure).

250. 2° *Sur un sujet régulier.* — De même que le palissage et la taille, le pincement devra être uniforme et régulier sur toutes les branches latérales. Tous les bourgeons
qui se développent sur les crochets, avec apparence de de-

venir branches gourmandes, sont rapprochés à trois feuilles lorsqu'ils ont atteint une longueur de **7** à **8** centimètres environ, et successivement de trois en trois feuilles, s'ils continuent un fort développement. On pincera également les bourgeons qui naissent sur le prolongement des branches latérales à **5** centimètres, et successivement de trois en trois feuilles, selon leur développement. On traitera de la même manière ceux que l'on aurait respectés aux pincements précédents, et qui prendraient le caractère de branches à bois.

251. Il faudra avoir soin de bien reconnaître les dards, brindilles, cornes et boutons à fruit que l'on devra laisser intacts (**87** et **88**).

252. Je crois qu'il serait surabondant de détailler une seconde fois la nature de ces bourgeons. Leur caractère définitif est une végétation plus tardive et plus grêle que celle des branches à bois, qui sont remarquables par leur fort volume et la plus grande dimension de leurs feuilles; d'où il résulte, comme conséquence rigoureuse, qu'il faut toujours les pincer, et qu'on doit, au contraire, laisser intactes les branches à fruit.

E. Cinquième taille.

253. Elle ne diffère, en aucune manière, des précédentes pour le prolongement de la charpente, que l'on devra, chaque année, continuer selon les mêmes principes.

254. Le palissage des branches en sec et celui des bourgeons en vert sont également les mêmes.

255. Il me reste quelques observations à faire sur les branches fruitières et les tailles suivantes à leur donner.

a. Troisième taille et suivantes des branches fruitières et des crochets.

256. La position des crochets sur les arbres en espalier n'est pas la même que sur les pyramides : ils demandent une taille uniforme d'environ 6 centimètres de longueur.

257. Les dards, cornes et brindilles naissantes, ou que les pincements précédents ont fait sortir, se trouvent dans les mêmes conditions et présentent les mêmes inconvénients pour la palmette que pour la pyramide ; elles devront donc, ainsi que les bourgeons ou rameaux gourmands, subir les mêmes opérations (90, 91). Enfin il faut veiller au nettoyage des branches fruitières, et les débarrasser de leurs parties nuisibles pour favoriser leur fructification. Voyez, pour toutes ces observations, ce qui a rapport aux soins à donner aux branches fruitières (87 et 88).

F. *Direction et palissage à donner aux palmettes simples et doubles arrivées à leur entier développement.*

258. Le prolongement que l'on doit donner aux branches latérales régulières est fixé par la hauteur de la tige que l'on doit toujours prendre pour régulatrice ; de sorte que les branches latérales ne doivent atteindre leur distance d'envergure que lorsque la tige est arrivée au haut du mur : il faudra donc calculer sur ces données à quelle longueur on devra les tailler.

259. Il s'agit maintenant de tapisser entièrement les murs de feuillage et de fruit pendant la saison, et de ne laisser aucun vide entre les branches latérales de différents sujets. Pour obtenir ce résultat, on inclinera les branches d'un sujet horizontalement, et l'on fera tenir, à celles d'un autre sujet, une position presque verticale, de telle sorte que l'un remplisse le vide du haut et l'autre celui du bas (*pl.* Ire, *fig.* 15, 16, 17).

260. Si, au contraire, vous ne donniez à vos sujets qu'un seul mode de palissage, il en résulterait un vide en haut ou en bas du mur. Si vous teniez les branches latérales dans une position horizontale, comme la palmette est plus large à la base qu'à son sommet qui finit en pointe, le vide serait en haut du mur; si vous placiez, au contraire, vos cordons latéraux dans une position verticale, la nudité se trouverait à la base.

261. Pour que le palissage soit régulier et que l'œil soit flatté, il faut conserver, dans toute la longueur d'une branche à l'autre, le même écartement, qui est de 20 à 25 centimètres; cette mesure est donnée par leur point d'insertion sur la tige.

262. Il serait maintenant superflu de donner d'autres détails sur cette forme d'arbre; on aura dû comprendre la taille des différentes branches charpentières et fruitières, et les diverses opérations du pincement et de l'ébourgeonnement. Je vais donc passer à une autre forme.

§ 3. — *Formation d'un poirier en palmette double renversée.*

A. Première taille.

263. Les sujets, plantés dans les conditions que j'ai indiquées à la première partie de cet ouvrage, doivent être rabattus à la même hauteur que la palmette simple; seulement, au lieu de faire sa taille sur un œil combiné pour le prolongement de la tige, on en choisit un de chaque côté pour former les deux branches mères (*pl.* Ire, *fig.* 18,

A, B.). Dès qu'ils ont atteint un développement de 15 à 20 centimètres, on les palisse en leur faisant prendre la forme d'un V (*pl.* Ire, *fig.* 19); on supprime tous les autres bourgeons qui pourraient se trouver sur la longueur de cette première taille, et ceux qui se développeraient sur la longueur des combinés.

B. Deuxième taille.

264. On coupe les deux branches mères à **8** centimètres de leur insertion, sur un œil en dessous C, qui doit former, de chaque côté, les premières branches latérales, afin que l'œil inférieur D, qui est le plus rapproché de lui et qui se trouve en dessus, puisse faire le prolongement des branches mères (*pl.* Ire, *fig.* 19). Cette coupe devra être faite, chaque année, de la même manière; j'indiquerai à la taille suivante la longueur qu'il faudra lui donner. Le poirier, n'ayant pas la grande végétation que possèdent le pêcher et l'abricotier, il devient plus difficile de faire circuler proportionnellement la séve dans ses branches latérales, qui se trouvent placées dans une position horizontale, car nous avons vu que ce fluide nourrissant alimente toujours de préférence les parties les plus verticales; il se porte donc plus abondamment vers l'extrémité des branches mères. Il devient alors nécessaire de favoriser la croissance des latérales; j'obtiens ce précieux résultat en les formant, chaque année, avec l'œil terminal que la séve alimente plus volontiers aux dépens de celui que je combine pour le prolongement des branches mères. De cette manière, on verra toujours une charpente régulière et bien équilibrée.

265. Si l'on changeait, au contraire, la disposition des combinés, que l'œil terminal fût pour le prolongement des

branches mères et l'œil inférieur pour la formation des latérales, les premières, déjà favorisées par leur position verticale, recevraient une nouvelle puissance d'accroissement,
et les autres, retardées naturellement par leur position défavorable, ne pourraient équilibrer leur force avec celle des
branches mères, grâce aux opérations d'une taille mal raisonnée.

a. *Palissage en sec.*

266. Après la taille on repalisse les branches mères dans
la position qu'elles occupaient précédemment.

b. *Ébourgeonnement et palissage en vert.*

267. Quand les yeux combinés se sont développés en
bourgeons, on les palisse au fur et à mesure de leur végétation, et on a soin de supprimer tous ceux qui se trouvent
sur le prolongement des branches mères (*pl.* Ire, *fig.* 20).

268. Pour favoriser l'équilibre entre les branches mères
et les latérales, et égaliser leur force réciproque, il faudra
palisser les bourgeons, qui doivent former les latérales, dans
la position la plus verticale possible, et tenir ceux des branches mères dans la même direction. Si, pendant la végétation, ces dernières prenaient un développement bien supérieur à celui des latérales, on devra suivre les instructions
que je vais donner à la quatrième taille (**279**) sur le palissage
de leurs bourgeons.

269. Si l'on avait négligé ces prescriptions, et qu'il y eût
nécessité d'y avoir recours, il ne faudrait pas différer plus
longtemps; l'année suivante, il serait trop tard, car tout est
là. Vous auriez en vain donné à la taille tous les soins qu'elle
exige ; si vous négligez le palissage, l'équilibre de vos arbres
est rompu, et il s'ensuit une désorganisation complète.

C. Troisième taille.

270. 1° *Sur le prolongement des branches mères.* — On taille les bourgeons, qui doivent continuer les branches mères F, à 25 ou 30 centimètres de longueur, selon les instructions que j'ai données à l'article précédent (264).

271. 2° *Sur les branches latérales.* — On taille ensuite les deux premières branches latérales, de chaque côté, à 35 centimètres de longueur, sur un œil de devant ou de derrière, dont j'ai fait connaître les avantages à la palmette simple (209); cet œil servira pour continuer le prolongement de ces branches (*pl.* Ire, *fig.* 20, E).

a. *Palissage en sec.*

272. Lorsque les branches mères ne dominent pas les latérales, on devra les palisser toutes dans la position qu'elles doivent occuper (*pl.* I^{ro}, *fig.* 20). S'il y avait, au contraire, défaut d'équilibre entre elles, on aurait recours au palissage indiqué à la troisième taille (235).

b. *Ébourgeonnement et palissage en vert.*

273. Ce que j'ai dit de la palmette simple doit s'appliquer également aux branches mères de la palmette double. On ne doit jamais laisser sur elles d'autres productions que les branches latérales, car celles que l'on établirait, se trouvant placées dans la même direction, absorberaient autant de séve que ces dernières, prendraient à leur détriment un empâtement outre mesure et causeraient de graves désordres ; on serait obligé de les enlever tôt ou tard, et alors il résulterait de leur amputation une large plaie qui éventerait la circulation de la séve. Il faudra donc surveiller le développement des yeux combinés pour le prolongement des branches mères, les laisser seuls végéter, et les palisser au fur et à mesure de leur croissance, en ayant soin de supprimer tous ceux qui se trouveraient placés dans la longueur du prolongement donné par la taille précédente (*pl.* Ire, *fig.* 22, F).

c. Pincement, palissage et ébourgeonnement sur les branches latérales.

274. Dans le cours de la végétation, on surveillera le développement des bourgeons placés sur leur longueur et qui doivent former les crochets et les branches fruitières, en leur pratiquant les pincements que j'indique à la suite de la deuxième taille de la palmette simple.

D. Quatrième taille.

275. Elle ne diffère en rien des précédentes; c'est toujours la même longueur à donner au prolongement des branches mères, et la même coupe à pratiquer pour la formation et le prolongement des branches latérales [*pl.* Ire, *fig.* 21, 1, 2, 3, 4, 5, 6 (264-270)]. Quant aux avaries de différentes natures qui pourraient arriver aux bourgeons destinés au prolongement des branches mères, et qui leur auraient empêché d'atteindre la longueur que détermine l'écartement qu'il doit y avoir d'une branche latérale à l'autre, on n'a qu'à se reporter à la première taille du pêcher en forme carrée, où je donne de longs détails à ce sujet, et pour le prolongement que l'on doit donner aux branches à la quatrième taille de la palmette simple (239).

a. Première taille des branches fruitières et des crochets.

276. Elle ne diffère en rien de la **première** taille des crochets sur la palmette simple (**233**).

b. *Palissage en sec.*

277. Ce sont les mêmes opérations que précédemment (235).

c. *Pincement et ébourgeonnement.*

278. Ils sont également semblables à ceux de la palmette simple (233). Je finirai par une dernière observation, qui a rapport au palissage en vert.

d. *Palissage en vert.*

279. Nous avons vu que, à moins d'un accident, les bourgeons destinés au prolongement des branches mères devaient plutôt être retardés que favorisés dans leur végétation, parce que leur position verticale et au centre des sujets leur donnait toujours de l'avantage sur les bourgeons qui doivent former les branches latérales; il faudrait donc, pour combattre le trop grand développement des premières G et pour aider la végétation trop tardive des seconds H (*pl.* Ire, *fig.* 22), employer les moyens indiqués (120).

E. Cinquième taille et suivantes.

280. Ce sont les mêmes opérations et les mêmes soins à continuer aux branches mères I et aux latérales J [*pl.* Ire, *fig.* 23 (270-271)]; il en est de même du palissage en sec et en vert.

281. Les principes de la taille des branches fruitières K, les pincements et ébourgeonnements sur les branches latérales et les moyens d'équilibrer leur force réciproque J, sont semblables à ceux que j'ai indiqués à la cinquième taille de la palmette simple (256).

282. Les genres de taille que je viens de signaler sont

ceux qui me paraissent le plus propres à donner aux arbres une longue durée et à rendre leur fructification plus abondante; ils ont le double avantage d'être faciles à diriger, car n'ayant pas de bifurcation, leur charpente se trouve moins compliquée et sans confusion, et d'offrir à l'œil un ensemble régulier où la séve circule librement et dans une égale proportion.

283. Je ne parle pas des diverses autres formes, elles sont aujourd'hui reconnues vicieuses dans leur composition, et ne donnent que des sujets irréguliers : il en est une cependant qui mérite d'être cultivée, mais qui, par son extrême complication, demande une main habile et expérimentée; ce genre de taille se nomme forme en éventail.

§ 3. — *Formation en éventail.*

284. C'est la taille que l'on donne au pêcher ; mais alors la belle végétation de ses longs rameaux, sa parfaite obéissance aux fantaisies du cultivateur, et l'égale répartition de la séve dans toutes ses branches, rendent la conduite de cette forme bien plus facile.

285. Quant au genre d'arbres qui nous occupe maintenant, je vais préciser en quelques phrases les opérations dont ils doivent être l'objet.

286. La première taille, qui ne s'opère qu'une année après la plantation, est la même que celle des palmettes doubles (263); ce sont également les mêmes soins à l'ébourgeonnement et au palissage.

287. Quant à la deuxième taille et aux suivantes, je ne peux pas anticiper sur ce que je dirai plus tard pour le pêcher en éventail; on n'aura qu'à s'y reporter, on y trouvera

l'écartement qu'il doit y avoir entre chaque branche charpentière.

288. Les deux branches mères A sont garnies de latérales en dessus et en dessous; ces dernières prennent le nom de branches inférieures B et tertiaires C, les autres celui de branches supérieures D et tertiaires E (*pl.* II, *fig.* 27).

289. On doit attendre, pour donner naissance à celles-ci, que les secondaires et tertiaires inférieures soient totalement formées; leur nombre, qui doit être égal, sera déterminé par la hauteur des murs : elles doivent s'alterner les unes les autres.

290. La taille des crochets et des branches fruitières, les soins qu'ils exigent pendant leur végétation sont semblables aux mêmes opérations décrites pour les palmettes simple et double. Les moyens d'obtenir l'équilibre entre toutes les branches secondaires par une taille plus ou moins allongée, par le pincement et le palissage, ne diffèrent en aucune manière de ceux que l'on emploie pour le pêcher.

§ 4. — *Formation en vase.*

291. La simplicité de cette taille et sa facilité d'exécution me permettent de croire qu'il suffira de figurer une haute et une basse tige à leur troisième année.

292. Les arbres que l'on cultive en pépinière à cet usage possèdent, sur la greffe, une petite tige de 20 à 25 centimètres de hauteur, à partir de la greffe jusqu'à un rabattage que l'on pratique en pépinière pour faire développer, à son sommet, trois bourgeons qui forment comme les côtés latéraux d'un vase : souvent il s'en trouve davantage; alors il ne faut réserver, à leur première taille, que les trois qui s'alternent le mieux autour de la tige.

A. Première taille.

293. Elle doit se pratiquer au printemps qui suit la plantation du sujet sur les trois branches dont je viens de parler (*pl.* V, *fig.* 40, 1, 2, 3). On fait sa coupe sur une longueur de 20 centimètres environ en dedans, sur un œil en dehors combiné pour leur prolongement, afin d'aider leur ouverture annuelle et progressive, et sur un autre immédiatement au-dessous et placé, sur le côté, pour la formation de trois nouvelles branches latérales. Au commencement de la végétation, lorsque les yeux combinés ont un développement de 10 à 15 centimètres, on les laissera croître seuls, et on pincera tous les bourgeons placés sur leur longueur à cinq ou six feuilles pour former des branches fruitières.

294. Si les six bourgeons combinés prenaient une mauvaise direction, on pourrait s'opposer à cette propension vicieuse en les maintenant, chaque année, s'il le fallait, à l'aide d'un petit cerceau proportionné à leur ouverture.

B. **Deuxième taille et suivantes.**

295. Il faut donner un prolongement aux six bourgeons 1, 2, 3, 4, 5, 6 (*pl.* V, *fig.* 40) que l'on a obtenus précédemment, et qui forment à cette taille autant de branches verticales. Ce prolongement sera, cette année, de 20 à 30 centimètres, et aux tailles suivantes de 30 à 50 et même à 60 centimètres. On fera toujours sa coupe en dessus, sur deux yeux combinés pour la même fin que précédemment, pour la facilité de l'écartement.

296. Je ferai ici une observation dont l'application est générale, c'est que les nouvelles branches bifurquées que l'on ajoute annuellement à la charpente de l'arbre doivent s'alterner les unes les autres, et avoir entre elles une distance proportionnée au besoin et à la régularité.

297. On doit déjà entrevoir le motif de l'accroissement des branches verticales que nous trouvons, à la deuxième taille, augmentées de moitié; je vais en rendre la démonstration plus frappante. Le vase, à sa base, est supporté par une seule tige où naissent les trois premières branches. Pour rendre sa forme plus belle et plus gracieuse, il est nécessaire, à mesure qu'elle prend du développement, d'élargir son ouverture; cette opération nécessite annuellement une augmentation de branches verticales pour couvrir les nudités que cet évasement progressif occasionnerait entre les trois premières et uniques ramifications.

298. Ainsi, la première année, la taille que l'on a combinée sur les trois branches verticales a produit le prolongement de ces branches et trois nouvelles bifurcations; la deuxième année, les mêmes procédés en auront produit six; la troisième, il s'en développera douze; les années suivantes, vingt-quatre, quarante-huit, et ainsi de suite progressivement (*pl.* V, *fig.* 40, 1, 2, 3, 4, 5, 6, 7, 8, 9, 10, 11, 12). On comprend alors quelles proportions grandioses pourra avoir l'ouverture de l'arbre, et combien sa fructification sera abondante.

299. Tout ce que je viens de dire de cette multiplication de branches verticales ne s'applique qu'aux arbres favorisés par un sol généreux et d'une ardente végétation; mais, dans l'hypothèse d'une maigre végétation et d'un sol peu favorable, il ne faudrait donner aux branches verticales qu'un prolongement proportionné à leur développement : leur nombre, au lieu d'être doublé chaque année, ne le sera donc que tous les deux ans.

300. La taille qui ne donnera pas de nouvelles branches

latérales sera uniforme, et les bourgeons, qu'à la végétation suivante on combinera pour leur formation, devront être pincés, pour devenir également des branches fruitières. Quand on se propose, en outre, d'obtenir ces branches verticales, il faut examiner si l'on peut les avoir toutes régulières, bien constituées, et pouvant rivaliser avec leurs voisines; dans le cas contraire, il faudrait attendre jusqu'à la prochaine végétation, et tailler les anciennes branches dans des dimensions uniformes et proportionnées. Ainsi on doit, en général, ne jamais créer partiellement de nouvelles branches, mais attendre que l'on puisse en avoir tout un étage en même temps, pour l'équilibre et la régularité de l'arbre.

§ 5. — *Arbres fruitiers auxquels peuvent s'appliquer les formes précédentes.*

301. Les tailles en pyramide, en palmettes simple et double, que j'ai décrites pour le poirier, s'appliquent également au prunier, au pommier, au cerisier et à l'abricotier : je ferai observer, toutefois, que ces quatre dernières espèces redoutent beaucoup les amputations ; on devra donc en être sobre autant que possible, et ne les employer que dans des cas urgents.

302. La forme en vase, pour les hautes et basses tiges en plein vent, leur conviennent au même degré. Quant aux diverses autres formes, comme la forme carrée et celle en éventail, dont j'ai appliqué les notions au pêcher, elles conviennent également au poirier et aux quatre genres d'arbres que je viens de citer; seulement, comme la croissance de ces arbres est moins vigoureuse que celle du pêcher, la distance qui sépare les différentes branches charpentières, en ce qui concerne la forme carrée seulement, devra être diminuée

6

de moitié, afin que la séve puisse développer en même temps
de nouveaux prolongements et constituer vigoureusement
les branches déjà formées.

303. La taille et les soins à donner aux branches fruitières de ces arbres, à l'exception de celles de l'abricotier
auxquelles sont applicables les règles données au pêcher,
sont conformes à ce que j'en ai dit pour le poirier formé
en pyramide.

304. Ces dernières observations regardent plus spécialement les pommiers basses tiges greffés sur paradis, qui ne
donnent ordinairement qu'une moyenne ou médiocre végétation.

305. Ils ne devront pas également être assujettis aux règles sévères du pincement qui gouverne les autres ; il n'y a
que les voisins de leurs bourgeons terminaux et quelques
gourmands, s'il s'en trouve, qui en recevront l'application.

306. Quant aux autres arbres, comme je l'explique à la
première taille, au commencement de la végétation il faudra
surveiller le développement des bourgeons latéraux qui doivent former des branches fruitières et qui se trouvent placés sur le prolongement donné, chaque année, aux branches verticales, et les pincer sur quatre à cinq feuilles dès
qu'on les verra prendre un trop fort accroissement, car il
est nécessaire de les entretenir dans une moyenne vigueur
pour en former des branches à fruit.

307. Ces pincements donnent lieu à des bifurcations sur
les branches fruitières naissantes, et à des trifurcations sur
celles qui ont déjà subi des tailles ; on devra les conserver
toutes et leur donner, à la taille, une longueur de cinq à
six yeux. Les branches fruitières de cette condition sont en
plein rapport ; pour augmenter le volume et la beauté de
leurs fruits, il faut constamment diminuer la vigueur des

branches à bois pour leur en faire profiter, retirer les onglets occasionnés par les tailles, supprimer le bois mort, s'il
s'en trouve, et avoir toujours soin d'entretenir, à la base des
branches fruitières, un rameau pour les remplacer quand
elles seront épuisées par leur fructification : cette observation ne regarde que le pêcher et l'abricotier.

Nota. Dans les campagnes, le poirier en haut vent est
généralement très-cultivé, mais on l'abandonne le plus souvent à lui-même dès les premières années de sa plantation ;
il en résulte qu'il n'a aucune forme gracieuse, sa tête se dé-
jette d'un côté ou de l'autre, et son propre poids le fait souvent même courber vers la terre. Pour obvier à cet inconvénient et rendre l'arbre gracieux avec une charpente bien
répartie et bien équilibrée, il suffit de lui appliquer les première et deuxième tailles dont j'ai parlé à la forme en vase.
Désormais, le point de départ des branches charpentières
sera fixé, et ces dernières ne sauront être entraînées par
leur propre pesanteur hors de la ligne qu'elles doivent suivre. Pour les entretenir dans cet état, il sera nécessaire,
plus tard, de donner, tous les deux ou trois ans, un élagage
aux productions latérales placées à l'intérieur ou à l'extérieur
de la charpente de l'arbre, et qui tenteraient de rivaliser
avec les branches principales ; on coupera ces rameaux à
10 ou 15 centimètres de leur insertion.

SECTION II. — DU PÊCHER.

§ 1ᵉʳ. — *De la forme carrée.*

308. J'ai indiqué (27) les soins qu'il fallait donner à la
plantation du pêcher. Contrairement à tous les autres, cet
arbre doit être rabattu, la première année de sa plantation,

à 20 à 25 centimètres de la greffe (*pl.* II, *fig.* 28, A); on surveille le développement des yeux placés sur cette longueur, et, quand ils ont atteint un degré suffisant de croissance, on en choisit deux des mieux placés et on leur donne, par le palissage, la forme d'un V (*pl.* II, *fig.* 29). On a soin de supprimer tous les autres, et on réitère le palissage des deux combinés, au fur et à mesure de leur développement, afin de les plier à une bonne direction ; ces deux bourgeons doivent devenir les branches mères.

A. Première taille.

309. Avant d'étudier cette taille, il faut voir si les deux rameaux combinés sont bien ou mal constitués. Je suppose que pendant le cours de la dernière végétation l'un des deux, soit par retardement de la séve, soit par tout autre accident, n'ait pas atteint la hauteur qu'il faut lui donner à la taille, ou que, l'ayant atteinte, il lui soit survenu des chancres, le rameau bien portant et d'une belle végétation devra, pour l'équilibre et la régularité de l'arbre, être solidaire du malheur ou du retard de la branche avariée ; on les rabattra donc tous deux à 15 ou 20 centimètres de leur insertion, ou plus bas s'il se trouvait un chancre, sur un œil de devant ou de derrière combiné pour leur prolongement. On devra les repalisser dans leur première direction. Cet inconvénient renvoie à l'année suivante pour la formation des deux premières branches secondaires inférieures.

Dès que les yeux placés sur le prolongement de cette dernière coupe ont un développement de 15 à 20 centimètres, on place, dans le sens du palissage précédent, les deux rameaux combinés pour le prolongement des branches mères ; on pince les inférieures de 10 à 15 centimètres, et on renou-

velle ces deux opérations pendant la végétation. Ces observations peuvent encore trouver leur application sur un sujet
plus âgé et possédant déjà plusieurs branches secondaires,
comme le représente la *fig*. 33 ; on rabat la branche mère
de l'aile forte en *o*, à 40 centimètres de la précédente
coupe, et on donne aux deux inférieures une taille analogue
en *o*. Quant à la branche mère de l'aile faible, on coupera
son rameau de prolongement en *p*, à 60 centimètres au-dessus de la dernière taille, et l'on donnera également à ses
deux inférieures une coupe analogue en *p*. Tous ces rap-
prochements devront être combinés sur un œil de prolongement, que l'on palissera au fur et à mesure de sa croissance, pour redresser son développement. Toutefois une
main exercée pourrait éviter ce retard, si le sujet était favo-
risé d'une belle végétation ; quand donc les bourgeons combinés auraient atteint une longueur de 40 centimètres, y
compris les 15 ou 20 centimètres de la première taille , il
faudrait les pincer sur un œil en devant, qui devra continuer les branches mères, et, aussitôt le développement des
nouveaux bourgeons, en choisir un de chaque côté des deux
branches mères et le plus rapproché du bourgeon terminal,
pour former les deux premières branches secondaires inférieures.

310. Je vais maintenant aborder les opérations de la
première taille sur un arbre qui n'a subi aucune avarie. On
coupe les branches mères B B (*pl*. II, *fig*. 29) à 40 centimètres de leur insertion, sur deux yeux, l'un en devant B
combiné pour leur prolongement, et l'autre en dessous C,
pour former les premières branches secondaires inférieures ;
puis on retire l'onglet A, qui résulte du recepage de la tige
l'année de sa plantation. On palisse les deux ailes de l'arbre
dans le sens du précédent palissage : pendant la végétation,

on surveille les nouvelles productions, on ébourgeonne les bourgeons superflus devant et derrière chaque aile dès qu'ils ont de 2 à 3 centimètres de longueur; enfin on règle, par le pincement, la croissance de ceux qui restent sur les côtés, pour garnir l'arête des branches dès qu'ils auront une longueur de 12 à 15 centimètres, en ayant soin de respecter les combinés pour le prolongement des branches mères et pour la formation des premières secondaires inférieures. On supprime les bifurcations qui devront résulter de ces pincements successifs, en ne laissant croître que le bourgeon le plus inférieur, sur lequel on opérera au besoin, de huit en huit feuilles, et on palisse les combinés dès qu'ils ont un développement de 25 à 30 centimètres et successivement. On palisse ensuite les bourgeons qui doivent devenir branches fruitières, en les inclinant sur la charpente, afin de les plier à une bonne direction et les empêcher de prendre un trop fort développement.

311. Si l'équilibre de l'arbre n'était pas constant, et qu'une aile vînt à dominer l'autre, on aurait recours aux opérations du palissage (110), du pincement (140), de l'ébourgeonnement (132), de l'effeuillement même (154), que j'ai indiquées comme remèdes en de pareilles circonstances.

312. On peut encore placer une planche ou un auvent à 15 ou 20 centimètres au-dessus de la partie dominante, afin de lui cacher la vue du ciel et de diminuer sa croissance, tandis que la plus faible, restée découverte, jouit de toute l'influence vivifiante du plein air et de la lumière.

B. **Deuxième taille.**

313. Après avoir dépalissé, on commence par tailler les branches fruitières; il faut rabattre à trois yeux les rameaux

simples L et ceux où le pincement a produit des bifurcations M à cinq yeux, également sur le bourgeon le plus inférieur (*pl.* II, *fig.* 30).

314. On coupe ensuite les branches mères B à 80 centimètres au-dessus de la taille précédente, sur deux yeux combinés B N, comme je l'indique (*pl.* II, *fig.* 30). Quant
aux premières branches secondaires inférieures C, on doit
les rabattre sur un œil de devant ou de derrière, également
à 80 centimètres de leur insertion. Si elles sont minces ou
grêles, on devra les tenir plus longues, et même les laisser
dans toute leur longueur. On voit que c'est toujours le même
principe, favoriser les branches faibles par une taille plus
allongée, et ralentir l'ardente végétation des autres en les
tenant plus courtes. Le bel aspect du pêcher, la régularité
de sa forme, sa longue durée, la richesse de sa fructification,
tout dépend de la bonne constitution des branches inférieures. Pour l'obtenir, il faut les surveiller les deux premières années de leur croissance ; après il serait trop tard,
vous n'auriez que des branches chétives, d'une moyenne
constitution, et que les supérieures secondaires ne tarderaient pas à détruire au bout de quelques années ; en suivant, au contraire, mes instructions, on leur assurera une
constitution durable, et leur diamètre, presque aussi fort
que celui des branches mères, pourra leur permettre de rivaliser avec elles.

315. Le palissage en sec et en vert, le pincement et l'é-
bourgeonnement s'opèrent toujours d'après les mêmes
principes.

C. Troisième taille.

316. Les tailles précédentes ont produit sur chaque aile
de l'arbre deux branches secondaires inférieures ; celle-ci

nous donnera la troisième. Le pincement et le palissage doivent avoir amené la charpente dans un parfait équilibre et enrichie de branches fruitières, condition essentielle pour la perfection et la régularité d'un arbre.

317. On taillera ces dernières de la manière que j'indique, et on suivra également les instructions que j'ai données (296) relativement à la taille des bourgeons simples et de ceux que le pincement a bifurqués.

318. Quant aux branches mères, le prolongement qu'on doit leur donner est invariable et doit produire une agréable uniformité; il se fait toujours sur deux yeux, l'un en dessous combiné pour la formation de nouvelles branches secondaires inférieures, l'autre en devant ou derrière pour la continuation des branches mères.

319. Si cependant, malgré les moyens indiqués (110, 140, 132, 154), les branches secondaires n'offrent pas la belle régularité que nous demandons, il faut alors agir sur les deux branches mères. On rabattra les bourgeons combinés, pour leur prolongement, de 35 à 40 centimètres, sur un faux bourgeon placé en devant, et disposé pour cet usage pendant le dernier palissage; on aura soin de l'entretenir dans une végétation convenable et de le palisser pour lui éviter une courbe. On choisira un œil opposé à celui de la coupe précédente pour faire un prolongement; à défaut, on en prendra un en dessus ou en dessous, que le palissage devra avoir soin de redresser : ce moyen aura, il est vrai, empêché d'ajouter deux nouvelles branches secondaires à la charpente de l'arbre, mais, en revanche, il aura aidé la croissance des parties faibles en refoulant la séve à la base; la marche sera plus lente, mais on n'aura désormais plus besoin de rétrograder, et l'année suivante on pourra, en toute confiance, obtenir de nouvelles branches latérales.

Comme je l'ai dit, il faut appliquer la taille sur deux branches secondaires inférieures : la première a déjà subi cette
opération ; la longueur qu'on devra donner à son prolongement doit être proportionné à sa végétation, et peut varier de **70** centimètres à **1** mètre. Quant à la deuxième,
comme elle se trouve dans les mêmes conditions que la précédente lorsqu'elle a subi sa première taille, elle devra être
soumise aux mêmes opérations.

320. L'ébourgeonnement et le pincement devront être
appliqués selon le besoin ; j'ajouterai une observation, c'est
qu'il faut porter tous ses soins sur les branches à fruit que
les sujets possèdent maintenant. On devra surveiller le développement de leurs boutons, et, comme il en existe plusieurs à bois à leur talon, il faut aider le développement de
celui qui est le plus rapproché de la charpente, en pinçant
à cinq feuilles les bourgeons qui se développeraient à leur
sommet, afin de ne laisser croître que du fruit et ce bourgeon inférieur qui, comme je l'ai déjà dit, est destiné à faire
une branche de remplacement; on pourrait encore employer,
pour le favoriser, la taille en vert que j'ai indiquée (**150**).

321. On doit comprendre cependant qu'il ne faudrait pas
que ce bourgeon prît un développement hors de proportion
avec les branches fruitières, il pourrait nuire à la formation
et à la maturité des fruits; il est facile de l'arrêter en le pinçant, lorsqu'il a atteint **12** à **15** centimètres de longueur.
On doit toujours faire le palissage comme précédemment.

D. Quatrième taille.

322. Il doit résulter de la taille précédente, si le sujet a
donné une végétation régulière et n'a pas été avarié, trois
branches secondaires inférieures sur chaque aile. Si les

murs ne peuvent pas en contenir davantage, ce nombre sera suffisant, et l'arbre aura le dessous de ses ailes formé. Si, au contraire, ils ont plus d'élévation, on établira une quatrième branche inférieure, en donnant de nouveau aux branches mères un prolongement de 80 centimètres.

323. On commence toujours par tailler les branches fruitières. La plupart ont déjà fructifié. On opère sur elles comme je l'ai expliqué (88). On taille ensuite les branches mères comme je viens de le dire, et, si l'ensemble des branches secondaires inférieures est bien constitué, on les rabat sur une longueur uniforme et proportionnée à leur développement; on devra les conserver, chaque année, dans cette même uniformité, afin qu'elles arrivent en même temps à leur distance d'envergure.

324. Le palissage de la charpente devra devenir de plus en plus incliné au fur et à mesure de la formation de l'arbre; le palissage des branches fruitières, l'ébourgeonnement et le pincement se feront toujours suivant les circonstances et selon le besoin.

Nota. Il arrive souvent que la brindille, par sa constitution grêle, ne possède pas à son talon d'œil de pousse, ou que son extrême faiblesse en empêche le développement, de sorte qu'il faut perdre cette branche : il en résulterait alors une nudité, ou bien l'on serait obligé de lui donner un prolongement, deux vices qu'il faut également éviter. Ce désordre et cette irrégularité m'ont fait comprendre la nécessité de la greffe en couchage; aussi est-elle en pratique chez moi. Je n'hésite pas un instant, j'applique cette greffe, et j'obtiens ainsi un bourgeon de remplacement. On pratique cette opération pour toutes les branches fruitières dépourvues d'œil de pousse, pour remplacer un œil latéral qui ne se serait pas développé, et généralement pour toute autre branche avariée (81 et 82). La greffe en écusson peut également être employée dans tous les cas.

E. Cinquième taille.

325. Elle a pour but de fortifier les branches inférieures d'une manière constante et durable, et s'applique à un sujet sur lequel l'élévation des murs a permis de former une quatrième branche secondaire inférieure. Dans le cas où l'on n'en aurait que trois, les opérations que je vais décrire devront être employées un an plus tôt. L'arbre est dépalissé; on taille d'abord les branches fruitières, puis les branches mères et secondaires inférieures, qu'on a soin, avant tout, de placer comme le représente la figure.

326. C'est la cinquième taille que l'on donne à la branche A, la quatrième à la première inférieure B, la troisième à la seconde inférieure C, la deuxième à la troisième inférieure D, et la première à la quatrième E. Comme je l'ai dit, on doit choisir un œil de devant ou de derrière pour faire le prolongement de la charpente et donner aux cinq branches une taille uniforme.

327. Je ne parle pas encore de la formation des branches secondaires supérieures, car il faut laisser prendre aux inférieures une constitution vigoureuse qui ne permette pas aux autres de les dominer; ce qui ne tarderait pas, si l'on ne leur donnait l'avantage de quelques années de croissance : malgré cette faveur, on s'apercevra, dans la suite, que les supérieures les rivaliseront toujours assez tôt.

328. Après avoir dressé et palissé en sec, on doit surveiller la végétation, et aussitôt son développement on ébourgeonne, on pince et on palisse en vert. Il faut porter tous ses soins sur les dedans de l'arbre, principalement sur ceux des branches où la séve occasionne un excès de végé-

tation qu'il faut modérer. Enfin on ébourgeonne et on repalisse de nouveau, afin de répartir également la séve; il ne faut pas faire de suppressions trop absolues, parce qu'il est utile de concentrer le fluide séveux dont l'affluence causerait du désordre. On aura soin de retirer les onglets qui pourraient se trouver à la base des rameaux, afin d'aider à cicatriser la plaie des amputations. Si la dernière branche secondaire inférieure était d'une végétation lente et d'une faible constitution, ce qui arrive rarement, on agirait sur les mères branches en rabattant leur bourgeon terminal à 40 centimètres de la dernière coupe; ce moyen refoulera la séve dans la branche attardée, et pourra la rendre capable de rivaliser avec les autres. Le pincement et le palissage indiqués (110-140) lui viendraient encore en aide.

F. Sixième taille.

329. Nous allons maintenant opérer sur un sujet qui a le dessous de ses ailes convenablement constitué; ce ne sera qu'au milieu de la végétation que nous établirons nos branches secondaires supérieures. On taille donc d'abord les branches fruitières, puis les branches charpentières, comme l'année précédente, et on leur applique toujours le même mode de palissage (140); puis on ébourgeonne, on pince, selon le besoin.

330. Il peut se trouver des branches fruitières qui possèdent des rameaux trop vigoureux, d'autres, quoique bien constituées, peuvent avoir à leur insertion un bourgeon d'un développement excessif; si ces derniers ne sont pas nécessaires pour servir de rameaux de remplacement, on les supprime aussitôt, pour éviter un désordre et avoir toujours des bourgeons herbacés faciles à diriger par les pince-

ments, et non des rameaux qui deviennent embarrassants,
et forment des irrégularités dans la composition des branches fruitières.

331. Les bourgeons qui montrent un trop grand développement ne sont pas convenables pour former les branches secondaires supérieures; ils ne pourraient que causer
un grand désordre dans l'équilibre de la charpente, par le
grand développement qu'ils prendraient.

Ce n'est qu'au second pincement que l'on doit faire choix,
sur les branches mères, des bourgeons destinés à devenir
branches secondaires supérieures; on supprime toutes les
productions qui peuvent s'y trouver, en ne laissant qu'un
seul bourgeon bien constitué et d'une moyenne végétation.
Il doit y avoir autant de branches secondaires supérieures
qu'il y en a d'inférieures; on les établit toutes en même
temps, afin qu'il règne entre elles une végétation semblable
et régulière.

La première O (*pl.* IV, *fig.* 34) doit prendre naissance à
20 centimètres de l'insertion de la branche mère, sur le
tronc de l'arbre, et par conséquent au-dessous de la première inférieure; les autres P Q doivent s'alterner avec les
inférieures de telle sorte que la quatrième supérieure R se
trouve entre la troisième et la quatrième inférieure.

332. Dès que la végétation le permet, on palisse les bourgeons combinés dans une position un peu plus verticale que
les autres branches fruitières; il ne faut pas les placer trop
perpendiculairement, afin qu'ils n'acquièrent qu'un développement modéré. Si l'on s'aperçoit que quelques-uns tendent à dominer les autres, il faudrait leur appliquer des pincements réitérés sur les redrugeons inférieurs, et même, en
cas de nécessité, sur les bourgeons terminaux (ce besoin se
fera sentir plus communément aux végétations suivantes);

incliner davantage leur palissage, et favoriser, au contraire, la croissance des autres par un palissage plus vertical, en s'abstenant du pincement.

333. Dans tous les cas, il faudra ébourgeonner les redrugeons placés devant et derrière ces bourgeons, palisser ceux qui doivent en garnir les arêtes, et qui, l'année suivante, formeront des branches à fruit, leur pratiquer des pincements vigoureux, les réitérer, au besoin, sur les redrugeons terminaux au fur et à mesure de leur croissance.

G. Septième taille.

334. Pour compléter les notions que j'ai données sur la forme du pêcher carré, je n'ai plus qu'à indiquer la première taille et les suivantes à donner aux branches secondaires supérieures.

335. On commence toujours, comme précédemment, par tailler les petites branches et les jeunes rameaux, puis l'on donne aux branches mères et aux secondaires inférieures un prolongement proportionné à leur développement.

336. Les branches mères portent maintenant sur leurs arêtes supérieures huit rameaux (*fig.* 34, F G H I O P Q R) que le dernier pincement a respectés; aussi ont-ils un développement bien supérieur à celui de leurs voisins : ils vont devenir, à cette taille, les branches secondaires supérieures. On coupe d'abord à trois yeux les productions qui garnissent leurs arêtes 1 2 3 4 5 6 7 : on taille ensuite, pour la première fois, les rameaux combinés sur un œil ou faux rameau que l'on choisit à une hauteur uniforme et proportionnée à leur force et à la vigueur de leur végétation; puis vient le palissage en sec, il ne fait que replacer les branches et leurs productions dans leur première posi-

tion. Le pincement, l'ébourgeonnement et le palissage en vert s'opèrent comme je l'ai indiqué (310).

337. Il pourrait se présenter dans le cours de la végétation deux graves inconvénients que je vais signaler afin qu'on puisse y remédier.

338. Parmi les rameaux supérieurs, il n'est pas rare d'en rencontrer qui veulent dominer les autres; il peut encore arriver que toute la partie supérieure attire à elle une trop grande quantité de séve et s'enrichisse ainsi aux dépens des branches inférieures. J'ai indiqué le remède (332) qu'il fallait apporter dans ce premier cas; si le second inconvénient se présentait, il faudrait dépalisser totalement les rameaux supérieurs pour leur donner une position plus horizontale, et pincer même les bourgeons terminaux. Ce pincement et ce nouveau palissage ne devront cependant pas déformer leur régularité, et leur nouveau bourgeon de prolongement, résultat du pincement, sera choisi le plus convenable pour former une nouvelle pointe; on le palissera avec soin pour qu'il ne laisse aucune courbe apparente, et si, au contraire, on voulait remédier à cet inconvénient pendant la taille, il faudrait choisir un faux rameau sur lequel on rabattrait la branche et qu'on palisserait ensuite pour lui faire prendre une bonne direction (*fig.* 34, n° 10).

339. Tous ces inconvénients, qui ne font qu'embarrasser la marche régulière de la taille et des diverses autres opérations secondaires, ne se présenteraient pas, si l'on mettait bien en pratique chaque année les instructions que je donne; tout se ferait régulièrement, les branches charpentières occuperaient au palissage leur position annuelle, sans avoir besoin d'être tourmentées à différentes reprises.

340. Une dernière observation sur les branches secondaires supérieures.

On doit surveiller le développement de leurs productions ; ce sont toujours elles qui doivent être les premières pincées, ébourgeonnées et palissées à différentes reprises, si le besoin s'en fait sentir. Ce n'est que lorsque ces branches sont arrivées au chaperon du mur que l'arbre aura atteint son complément, et que sa forme de carré long ou de parallélogramme s'offrira à la vue dans toutes ses belles proportions (*fig.* 33, *pl.* III).

II. Soins à donner au pêcher carré après sa formation.

341. C'est maintenant que le cultivateur peut se réjouir dans la contemplation de son œuvre ; mais il ne faut pas qu'il reste inactif, s'il veut le conserver dans ses belles proportions. Chaque année, il faudra remplacer la petite branche qui a fructifié par le bourgeon combiné à cette fin. Il est bien permis d'ambitionner quelques fruits de plus, mais alors il ne faut pas tenir à l'uniformité de longueur dans les branches fruitières. On peut donc choisir, parmi les rameaux placés dans les dedans, et qui ont ordinairement plus d'yeux à bois, le moins vigoureux et le plus rapproché de la charpente s'il est possible, en ayant soin de pincer successivement à cinq feuilles ceux qui se développent à son sommet à la taille suivante ; on réparera cette irrégularité en donnant à ce fort rameau un faible bourgeon de remplacement. C'est ainsi qu'en renouvelant, chaque année, la partie productive et fruitière de l'arbre, et en laissant croître du bois tendre pour l'entretenir dans une perpétuelle jeunesse et dans des proportions uniformes, on facilite, on force même au besoin l'égale répartition de la séve. Dans l'intérêt de l'équilibre, on coupe ensuite les branches mères et les secondaires inférieures aussi long que

possible, de telle sorte que leur extrémité vienne uniformément aboutir sur une ligne perpendiculaire du sommet du mur à la base. La longueur de ces tailles devra cependant être bien proportionnée à la végétation ; on coupera court les branches supérieures pour contrarier leur développement.

342. Cet allongement successif, que l'on donne aux branches secondaires inférieures, est limité par celui des branches mères, qui s'arrête au chaperon du mur ; c'est de là que doit partir la ligne perpendiculaire que toutes les branches inférieures doivent atteindre à la même taille. Arrivées à cette dernière période d'accroissement, il faut les y entretenir et ne pas la leur laisser dépasser ; on les rapproche donc annuellement sur un faux rameau A (*fig.* 33, *pl.* III), disposé pour renouveler leur extrémité. On taille ce rameau sur un œil de pousse combiné à son prolongement, et on le palisse en sec ; on le repalisse de nouveau pendant la végétation, et, dès qu'il est arrivé à la ligne qu'il ne doit pas dépasser, on le rapproche par une taille en vert sur un redrugeon inférieur, qui, palissé pour sa bonne direction, devient, à son tour, une nouvelle pointe.

343. La taille annuelle des branches supérieures est la même ; on les rabat à 30 ou 35 centimètres au-dessous du chaperon sur une branche à fruit qui possède un œil de pousse, et on a soin de contrarier la végétation de leurs rameaux de remplacement par un palissage serré et des pincements réitérés.

Nota. Si l'on se trouve placé sur un sol généreux et que l'arbre donne une belle végétation, comme celui de la figure 35, on peut ajouter à sa charpente deux branches tertiaires C, afin de remplir le vide qui se trouve au centre, entre les deux ailes de l'arbre ; il faut attendre, pour les ob-

7

tenir, que les branches secondaires B soient arrivées au haut du mur. On choisit pour leur formation une ramification fruitière placée sur les deux branches B, et à 50 centimètres de leur insertion sur les branches mères. Si l'arbre n'offrait pas une belle végétation, il ne faudrait pas songer à cette augmentation, elle porterait préjudice à l'équilibre de la charpente.

§ 2. — *De la taille du pêcher en éventail.*

344. Cette forme, qui date d'un siècle et demi, a subi bien des modifications avant d'arriver jusqu'à nous; malgré toutes ces améliorations, elle est loin d'offrir les mêmes avantages que la forme carrée. Toutefois elle n'est pas sans mérite, et c'est encore une des plus précieuses à donner au pêcher en espalier. Je n'entrerai pas dans des détails que je crois inutiles; je me contenterai seulement d'exposer les principes de la composition de ses branches latérales et la manière de les obtenir : c'est là surtout ce qui fait la différence de ces deux formes. Les opérations du pincement, de l'ébourgeonnement et du palissage sont semblables à celles que j'ai décrites à la forme carrée. Les moyens de remettre en équilibre les sujets irréguliers, les différents remèdes qu'il faut apporter aux branches avariées, la composition des branches fruitières, leur fécondité sans cesse renaissante qu'il faut entretenir, rien n'y est changé. Les notions nouvelles que je vais donner seront donc complètes autant que possible, et pourront suffire à l'intelligence de ce travail.

La première année de la plantation on rabat son sujet à la même hauteur qu'à la forme carrée, et, lors de la végétation, on le palisse en V.

a. Première taille.

345. La végétation a formé deux rameaux qui deviennent les branches mères ; on les taille à 30 centimètres de leur insertion sur deux yeux combinés, le terminal B placé en devant ou derrière pour le prolongement de la branche mère, et son voisin C placé en dessous pour la formation de la première branche secondaire inférieure (*pl.* II, *fig.* 29).

b. Deuxième taille.

346. On donne un nouveau prolongement de 40 centimètres aux branches mères A, sur deux yeux comme ci-dessus, qui produisent la deuxième secondaire inférieure C et le prolongement de la branche mère. On taille également les premières inférieures B à 50 centimètres, sur deux yeux, toujours dans le même sens, l'œil terminal placé devant ou derrière pour le prolongement de la branche secondaire, et l'œil inférieur en dessous pour la formation des tertiaires D (*pl.* IV, *fig.* 39).

c. Troisième taille.

347. Elle a pour but de fortifier la charpente de l'arbre en donnant à chacune des branches un développement modéré, en rapport avec leur constitution et d'une longueur uniforme.

d. Quatrième taille.

348. Si les branches charpentières inférieures ne sont pas bien constituées et qu'il ne règne pas entre elles une parfaite régularité, il faut remettre à l'année suivante la formation de la première branche secondaire supérieure E.

349. Mais, si le sujet offre toute la perfection et la régularité désirables, on peut l'obtenir cette année; à cette fin, on choisit au deuxième pincement un bourgeon placé sur l'arête supérieure de la branche mère, à 15 ou 20 centimètres de son insertion sur le tronc de l'arbre.

350. Il faut que ce bourgeon n'ait pas encore été pincé et qu'il présente une moyenne végétation, tout étant bien venant (même figure).

e. Cinquième taille.

351. On obtient la deuxième branche secondaire supérieure F avec un bourgeon semblable au précédent, et placé entre les deux branches secondaires inférieures B C (*fig.* 39).

f. Sixième taille.

352. Pendant la végétation, et toujours au deuxième pincement, on choisit un bourgeon placé sur le dessus des deux branches secondaires E et dans les mêmes conditions que les précédents (348), à 50 centimètres de leur insertion, sur les branches mères; cette tertiaire supérieure G sert à garnir le centre de l'arbre et forme le complément de la charpente.

353. Je rappellerai ici ce que j'ai dit après la palmette double; je me contente de traiter les arbres dans les formes qui me paraissent les plus avantageuses pour leur fructification et leur durée. La forme carrée réunit au suprême degré ces deux qualités; la taille en éventail vient ensuite.

La plupart des autres, que l'on cultive aujourd'hui, sont loin de donner les mêmes avantages; elles sont, en outre, vicieuses et difficiles à diriger.

354. Le pêcher se prête volontiers à toutes les formes qu'on veut lui donner à sa naissance; mais il ne faudrait

pas, après l'avoir conduit dans une forme pendant deux ou trois ans, l'en faire changer : ce serait là un caprice dangereux et qui ne tarderait pas à causer la perte de l'arbre.

355. Les formes qui présentent des coudes et des angles sur leurs branches charpentières, celles dites à branches arquées, sont toutes pernicieuses. Il faut, en général, pour la facilité de la circulation de la séve, que les branches latérales prennent toutes naissance sur les branches mères.

La séve est bien plus facile à diriger et n'est pas sujette à des engorgements.

356. Si l'on se rappelle bien ces instructions, et que l'on mette en pratique celles que j'ai données dans le cours de taille en forme carrée, surtout ce qui concerne l'ébourgeonnement, le pincement et le palissage, on parviendra à former des arbres réguliers, abondants en fruits et d'une durée peu commune.

SECTION III. — DE LA VIGNE.

1. Préparation des murs.

357. Les murs sur lesquels on voudra de la vigne devront être treillagés en bois ou en fil de fer. Pour les vignes à cordons, les mailles du treillage devront avoir 25 centimètres de hauteur sur 50 de largeur, de manière que la tige puisse glisser sur un montant et qu'il se trouve au-dessus de chaque cordon une traverse sur laquelle on palissera les bourgeons des coursons, et une autre traverse pour les cordons. Si le treillage est en fil de fer, on peut négliger de mettre des montants ; les traverses suffisent (*pl.* 28).

358. Pour la vigne en palmette, les mailles du treillage devront avoir 22 centimètres de largeur entre chaque montant, dont les uns serviront pour le palissage des tiges, et les autres pour les productions des coursons. Par économie, on peut se dispenser de faire les mailles carrées, car les traverses ne servent qu'à soutenir les montants du treillage, et peuvent, par conséquent, être espacées de 35 à 40 centimètres (*pl.* 27).

2. Plantation.

359. La vigne destinée à être mise en espalier devra être plantée de la manière suivante :

1° Pour les plants de vigne de bouture ou de couchage, on devra ouvrir, à 1 mètre du mur, des trous de 35 centimètres de profondeur dans une terre franche, et de 50 centimètres dans une terre grouetteuse. On y plantera la vigne, qui devra rester pendant trois ans dans cette place, si à la deuxième année de plantation elle n'avait pas donné une végétation d'au moins 1^m,40 à 1^m,60 de longueur, car c'est l'indice qu'elle s'est fait de bonnes racines et que son bois est bien constitué. Si, à la deuxième année, elle offrait ces avantages, on pourra, pendant l'hiver, ouvrir une rigole à partir du pied de la vigne jusqu'au mur, et d'une profondeur égale à celle du trou dans lequel on a planté le sujet. On couchera horizontalement le pied de vigne dans cette rigole, en ne laissant sur le cep qu'un seul rameau à qui l'on fera suivre la même direction, et dont le sommet devra aboutir au pied du mur, muni de deux à trois yeux au moins ; on le recouvrira de terre, et on fixera son extrémité sur le mur avec une attache.

2° Pour les plants de vigne qui ont été élevés en pépinière dans des paniers, on fera une rigole dans les mêmes conditions que précédemment, et un peu plus profonde à la place qu'occupe le panier, afin qu'il se trouve entièrement recouvert. On y couchera de suite la vigne, en ayant soin de n'en conserver que le plus beau rameau ; on y placera le panier dans son entier, au fond de la rigole opposée au mur, et on fera glisser son rameau comme je viens de l'indiquer.

3° Il est préférable, lorsqu'on ne regarde pas à la dépense, d'ouvrir, dans toute la longueur des murs, une tranchée de la largeur et de la profondeur indiquées ci-dessus ; on y couche les marcottes en ayant soin d'enlever toute la terre de cette tranchée pour la remplacer par de nouvelle (4 à 7). On comble totalement.

360. Le dernier plant de vigne est préférable au premier, car il est muni de terre et possède de bonnes racines, tandis que l'autre est chétif et que les racines sont entièrement dénudées ; et, indépendamment de deux ou trois années qu'il fait gagner, il a encore l'avantage de donner quelques fruits et une belle végétation l'année même de la plantation : je ne saurais trop recommander ce dernier plant de vigne.

3. Taille de la vigne.

a. Forme en palmette.

361. Il y a deux formes préférables sous lesquelles on peut diriger la vigne en espalier ; je parlerai d'abord de la forme en palmette (*pl.* **V**, *fig.* 42 à 46).

362. Elle est ainsi nommée, parce que la tige du cep possède des coursons dans toute sa longueur, mais seulement sur les côtés, depuis sa base jusqu'à son sommet. La plantation s'opère comme je l'ai indiquée précédemment, et il devra y avoir, entre chaque pied de vigne, une distance de 66 centimètres, comme le représentent les figures.

1. Première taille.

363. Elle doit être faite à 25 centimètres du sol, l'année même où la vigne sera arrivée au pied du mur; c'est là que l'on doit établir les premiers coursons, sur trois yeux latéraux *a* et sur un œil terminal *b* de devant ou de derrière, combiné sur le prolongement du cep (*pl.* V, *fig.* 42).

2. Ébourgeonnement sur la première taille.

364. Il ne faut laisser développer que les trois yeux combinés pour la formation des trois premiers coursons *a* (*pl.* V, *fig.* 43), et l'œil terminal *b* pour le prolongement de la tige.

3. Palissage en vert sur la première taille.

365. Dès que les bourgeons combinés *a* ont atteint un développement qui permet de les palisser, il faut le faire de suite, de peur qu'il ne leur survienne quelque accident; on leur donnera donc une position inclinée, et on les pincera lorsqu'ils auront **35** à **40** centimètres de longueur, avant qu'ils ne produisent, en ayant soin de ne laisser développer aucune production sur cette longueur.

366. On donnera au bourgeon terminal *b*, en même temps qu'aux autres bourgeons, un palissage vertical, afin que la tige se continue droite et sans courbe. On devra le laisser se développer librement sans chercher à lui appliquer des pincements, et on supprimera son œil terminal, qui devient inutile. Le palissage devra se continuer au fur et à mesure de la végétation; il ne faudra également laisser se développer aucune production sur le bourgeon terminal *b* (*pl.* V, *fig.* 43).

Deuxième taille.

367. Le prolongement que l'on donne au cep dépend de la force de sa végétation, et est proportionné à son développement; il peut varier de 25 à 40 centimètres. L'œil *c*, sur lequel on assoit sa taille, doit toujours, pour éviter toute courbe, être placé par devant ou par derrière (*fig.* 43 *bis*). Il faut calculer si la croissance du cep forcera le développement des yeux latéraux placés dans sa longueur, autrement il faudrait modérer le prolongement pour que tous les yeux se développent et qu'il ne reste pas de nudités dans la composition des coursons, qui doivent, comme je l'ai dit, ne se trouver placés que sur les côtés; l'écartement qu'il doit y avoir entre chaque courson est déterminé par la nature, car tous les yeux placés sur les côtés doivent nécessairement former chacun un courson, lesquels se trouvent placés alternativement : c'est ainsi qu'il faudra agir successivement chaque année.

Première taille des coursons.

Elle doit être faite sur les trois rameaux *d*, résultat de la taille précédente, à deux yeux, y compris celui du talon (*fig.* 43 *bis*, *pl.* V).

368. L'ébourgeonnement et le palissage se continueront comme précédemment. Je crois inutile d'entrer dans de plus longs détails sur cette forme; je finirai par les soins que l'on doit donner aux coursons.

Deuxième taille et suivantes des coursons.

369. Les coursons, jeunes ou vieux, se taillent toujours à deux yeux *d*, y compris celui du talon (*fig.* 44, 45 et 46 *bis*); le développement de ces deux yeux a dû former deux bourgeons *e* (*fig.* 44, 45 et 46), sur lesquels il pourra déjà apparaître quelques fruits : il ne faut pas laisser sur les coursons d'autres productions que les deux bourgeons combinés, et les palisser, chaque année, comme je l'indique précédemment. Lorsqu'ils seront productifs, il faudra, au pincement, les tenir plus courts, et les pincer à deux feuilles au-dessus des fruits.

370. Des deux rameaux *e*, que la taille fait sortir chaque année sur chaque courson, on ne devra, à la taille suivante, ne laisser que le plus inférieur, que l'on continuera toujours à tailler sur deux yeux, y compris celui du talon, afin que les coursons ne présentent pas une longueur disgracieuse ; il faut toujours choisir les nouvelles productions les plus rapprochées du cep : c'est ainsi que l'on parviendra à avoir des sujets de quatre, cinq et six ans, comme les représentent les *fig. f, g, h, pl.* V.

b. *Forme dite en cordons horizontaux ou à la Thomery.*

371. Il n'est pas nécessaire de renouveler ici mes observations sur le plant de vigne le meilleur, ni sur le mode de plantation ; je ferai seulement observer que pour la vigne en cordons la distance entre chaque cep est de 50 centimètres. Arrivés au pied du mur, on les rabat à deux yeux au-dessus du sol ; dès que la végétation est en activité, il faut surveiller le développement des bourgeons destinés à faire le prolongement du cep, les laisser seuls se développer, en ayant soin d'ébourgeonner tous les autres. On les palisse ensuite sur une ligne droite et verticale, sans leur laisser former ni courbe ni nodosité. On a soin de retirer dans leur longueur tous les faux bourgeons et les vrilles qui viendraient à se développer, toutes choses nuisibles à la croissance de la vigne et des raisins *a* (*fig.* 47, *pl.* V).

372. L'année suivante, à la taille, on doit étudier attentivement l'ensemble des ceps et voir si leur végétation permet d'établir plusieurs cordons; si elle ne donnait pas cette certitude, il faudrait remettre cette opération à une année plus tard, et donner à tous les ceps une taille uniforme à deux yeux au-dessus de la précédente, en leur continuant les mêmes soins pendant la végétation.

373. Lorsque les ceps sont en état de prospérité et d'une belle végétation, il faut commencer à former ses cordons. Le premier doit prendre naissance à 40 centimètres du sol (*pl.* V, *fig.* 47 *bis*), et les suivants à 50 centimètres d'écartement au-dessus les uns des autres; c'est la hauteur du mur qui en détermine le nombre. Sur les murs très-élevés où l'on serait obligé d'établir plus de cinq cordons pour en couvrir la surface, il faudrait planter les ceps plus près les uns des autres, et ne leur donner que de 35 à 40 centimètres d'écartement, afin que les cordons n'aient pas une étendue outre mesure, et qui pourrait occasionner la perte des coursons les plus inférieurs.

374. Quand on réduit un cep à la hauteur où il doit être établi en cordons, il faut toujours le couper à deux ou trois yeux plus haut, pour que l'on puisse palisser horizontalement ce supplément de longueur *b d* (*pl.* V, *fig.* 47 *bis*). C'est au commencement et à l'extrémité de cette courbure que l'on doit combiner deux yeux; le premier *c*, qui donnera le cordon de gauche du cep de la figure 48, et le second *d*, qui donnera le cordon de droite de la même figure. Pendant la végétation, on devra ne laisser se développer en bourgeons que les deux yeux combinés pour la formation des cordons de la figure 48, que la taille suivante devra réduire sur la tige à 25 centimètres de chaque côté, comme le représente la figure 48 *bis e*. On ne doit pas songer à établir tous les cordons en même temps, quand même les ceps

auraient donné une végétation de la hauteur des murs.

Ce n'est qu'à la deuxième ou troisième année qu'il faudra former les cordons les plus élevés; en attendant, on les taille toujours sur un œil combiné pour le prolongement de leur tige, comme je l'ai expliqué à la vigne en palmette; ensuite on ébourgeonne toutes les productions autres que la tige, on palisse et on pince au fur et à mesure de la végétation.

375. Il ne devra exister de coursons que sur le dessus des cordons (*fig.* 49, 50 et 51, *f, g, h*); la taille, le pincement et l'ébourgeonnement qu'on leur applique sont absolument les mêmes que pour la vigne en palmette *i, j, k*. Le prolongement des cordons s'obtient également, chaque année, de la même manière; on lui donne toujours un palissage horizontal dans le sens de sa première direction. Quant à celui des coursons, il doit être vertical et à angle droit avec le cordon. Chaque cordon horizontal ne doit pas avoir plus de 2^m,50 de longueur, soit en une, soit en deux portions.

SECTION IV. — TAILLE DES ARBRES FRUITIERS DE DIFFÉRENTES NATURES.

376. Pour compléter mes instructions sur la taille, il est nécessaire de figurer toutes les catégories d'arbres fruitiers.

377. Les genres dont je vais m'occuper sont connus de tout le monde, pour la facilité de leur taille et de leur culture, et par leur inépuisable fécondité. Je ne puis pas oublier les groseilliers à grappe et à maquereau; c'est donc par eux que je vais commencer.

A. Groseilliers à grappe et à maquereau.

378. J'ai toujours remarqué que la forme en vase, sur-

montée d'une petite tige, était la plus favorable pour la
beauté de leurs fruits. On en comprend la raison; c'est là
un bienfait de la taille. On a supprimé une partie des branches qui formaient encombrement; l'air circule plus librement dans celles qui restent, les fruits participent à son
heureuse influence, et deviennent bien supérieurs à ceux
qui croissent sur d'autres sujets qu'on laisse développer à
l'aise. Le soleil ne peut pénétrer à travers l'amas confus de
leurs branches, leurs fruits sont étouffés et ne mûrissent
que difficilement.

B. Framboisiers.

379. Le framboisier demande quelques soins dans sa
culture, si l'on veut en obtenir de bons fruits. Les nombreux
rejets qui sortent de terre, provenant de ses racines, forment une confusion de tiges, et le feraient bientôt dégénérer en buisson; il ne faut donc laisser que trois à cinq redrugeons les plus rapprochés du tronc, selon sa force et
l'âge de sa plantation, et supprimer tous les autres.

380. On sait que le framboisier a une tige bisannuelle;
la première année la constitue, et la seconde elle donne des
fruits sur des redrugeons qui sortent de ses yeux latéraux;
l'hiver survient, elle meurt, et on la remplace par de nouveaux redrugeons que l'on rabat sur une hauteur de 60 à
80 centimètres, selon leur vigueur. Ils se succèdent de cette
manière chaque année. On les attache ordinairement sur
une traverse soutenue par des échalas de distance en distance; on régularise ainsi leur végétation divergente.

C. Figuiers.

381. Le figuier doit être abandonné à lui-même; on ne
peut le soumettre à aucune forme par une taille raisonnée,

il ne donnerait que peu de fruits, car c'est sur le vieux bois que s'opère sa fructification : on peut cependant le mettre en espalier sur un mur.

382. Ses branches fruitières demandent certaines combinaisons dans la taille.

383. Il faut, chaque année, pourvoir à leur remplacement sur un bourgeon inférieur que l'on combine à leur base pour cette fin. Dès qu'elles ont donné tout leur fruit, on les rapproche près de l'insertion de ce bourgeon, dont on supprime l'œil terminal au printemps suivant, pour faire sortir du fruit dans sa longueur, et à sa base un nouveau bourgeon de remplacement. Il faut, tous les ans, retirer les branches qui se dessèchent, celles qui sont nuisibles, et toutes les petites qui ne donneraient que peu ou point de fruit. Pour rendre ce dernier plus gros et hâter sa maturité, on peut, en juin, pincer l'extrémité des bourgeons terminaux.

D. Châtaigniers, marronniers comestibles, cognassiers, corniers, cornouillers, mûriers, néfliers, noyers, poiriers et pommiers à cidre.

384. Ces genres d'arbres, tous à haute tige, ne doivent pas être taillés, on les entretient par des élagages dans une forme arbitraire ; on peut les placer indifféremment dans des basses-cours ou dans des prairies pour verger, ou en quinconce dans des terres labourées : je ne conseille pas cependant de les mélanger avec d'autres arbres fruitiers à haute tige et soumis à la taille en vase, ils nuiraient à leur aspect gracieux et régulier.

E. Noisetiers.

385. On doit les laisser en liberté ; ils ne demandent d'autres soins que l'épluchage de leur bois mort.

CHAPITRE IV.

CONSERVATION ET ENTRETIEN DES ARBRES FRUITIERS.

386. J'ai parlé jusqu'ici des opérations qui donnent aux arbres la beauté, la force et la fertilité ; mais ces notions, toutes complètes qu'elles sont, ne peuvent suffire, il est encore d'autres soins qu'il ne faut pas négliger : s'ils sont moins directs, ils exercent cependant une influence salutaire et hygiénique sur leur santé.

Ce sont la culture du sol, les différents remèdes à apporter contre les intempéries des saisons, les maladies et les divers insectes nuisibles aux arbres fruitiers.

§ 1er. — *Culture du sol.*

387. La culture du sol comprend les piochages, les fumures et les arrosements.

a. Piochages.

388. On ne devra les faire que de 5 à 6 centimètres de profondeur, dans la crainte d'endommager les racines de l'arbre ; pour cela, au lieu d'employer la bêche, on devra se servir d'un crochet à deux dents. Il serait utile de faire cette opération au moins deux fois par année, à l'automne pour soulager le sol qui se trouve trépigné pendant l'été, et au printemps pour combattre les effets de la sécheresse, détruire les mauvaises herbes et maintenir la terre perméable aux agents atmosphériques.

389. Tous les deux ans au moins, et pendant l'automne, on doit étendre au pied des arbres, sur la surface que l'on croit occupée par les racines, des engrais, tels que fumiers et gadoue.

390. Les pluies les décomposent pendant l'hiver, et aux piochages du printemps le reste se trouve mélangé avec la terre.

391. Dans les terrains secs, il sera très-convenable, pendant l'été, d'étaler un paillis ou fumier long au pied des arbres, afin que le sol ne soit pas battu et durci par les arrosements que l'on devra leur donner, une ou deux fois par semaine, durant les grandes sécheresses.

§ 2. — *Maladies des arbres fruitiers.*

a. La cloque.

392. Cette maladie exerce de grands ravages sur les arbres, et c'est sur le pêcher qu'elle se montre le plus communément; elle attaque les bourgeons et crispe les feuilles : elle est occasionnée par des changements trop subits de température, accompagnés de pluie froide et de vents arides, dont il faudra avoir soin de les garantir au moyen d'auvents et de paillassons.

393. On peut l'apercevoir d'abord à l'extrémité des feuilles naissantes, comme une teinte rouge purpurine, presque insensible; peu à peu cette tache grandit, les feuilles deviennent jaunâtres, s'enflent en se rétrécissant, et il se forme de petites cloques sur leur parenchyme.

394. Il ne faut pas les laisser se propager, mais les attaquer dès leur principe, en retirant successivement les feuilles qui en sont atteintes.

b. La gomme ou glu.

395. La gomme attaque seulement les arbres à fruit à noyau ; c'est un amas de séve coagulée entre l'écorce et le bois. Elle déchire les tissus et s'ouvre d'elle-même un passage ; quelquefois elle ne produit qu'un gonflement et soulève l'écorce sans la déchirer : elle se déclare dans les endroits où l'épiderme, se trouvant trop resserré, offre à peine un passage à la circulation du fluide séveux. Dès qu'on s'aperçoit de cet engorgement, on pratique, à l'endroit de la partie trop resserrée, plusieurs incisions longitudinales qui n'attaquent seulement que l'épiderme. Le passage devient alors plus libre, et la séve n'a pas le temps de s'y coaguler. Quant aux parties déjà attaquées, il n'y a qu'un seul remède efficace, c'est d'enlever la gomme avec la serpette, en taillant jusqu'au vif toute l'écorce et le bois malade ; on lave ensuite la plaie que l'on recouvre de cire à greffer, et autour de laquelle on pratique des incisions longitudinales.

c. Du blanc ou meunier.

396. On a surnommé cette maladie la lèpre du pêcher ; c'est une poussière blanche et cryptogamique qui couvre le jeune bois de l'année.

Cette maladie se manifeste ordinairement dans le courant de juin, et se propage jusqu'en août. Aussitôt son apparition, il faut, tous les deux ou trois jours, arroser l'arbre, et principalement les parties affectées, avec une pompe à main, et renouveler cette opération plusieurs fois par jour jusqu'à entière guérison. Si les injections n'ont pas suffi, on peut avoir recours à la fleur de soufre, en ayant soin de faire, préalablement, de nouvelles injections d'eau sur le bois

8

et les feuilles, pour y faire tenir le soufre dont on les saupoudre entièrement.

397. Ce sont les seuls remèdes efficaces ; mais alors la langueur que cette maladie cause au pêcher occasionne souvent, à la séve d'août, une recrudescence de végétation. Les yeux, qui devaient rester latents jusqu'au printemps suivant, se développent avec vigueur ; de telle sorte qu'à cette époque on n'aura plus d'œil pour asseoir sa taille. Dans ce cas, on choisit le redrugeon le plus capable de remplir ce but ; on le redresse au palissage, et il devient une nouvelle pointe.

d. Maladie de la vigne (oidium Tuckeri).

398. Ce champignon, comme on le nomme vulgairement, attaque les feuilles et le bois de la vigne. Sous les feuilles, on l'aperçoit sous la forme d'une poussière blanche, globuleuse, qui les couvre entièrement. Sur les feuilles, il s'annonce par des taches rougeâtres et des tiquetures brunes ; la feuille se crispe, devient convexe, et on remarque une fatigue en elle. Il s'annonce sur le bois par des taches brunes plus ou moins intenses, qui forment une carie dans l'épiderme.

399. En attaquant ce champignon dès sa naissance, il est beaucoup plus facile de le détruire, et la vigne est moins fatiguée.

400. Dès qu'il se fait apercevoir, on choisit un moment où l'air est le moins agité possible, et préférablement pendant que le soleil luit, on bassine entièrement le dessus et le dessous des feuilles endommagées, et, au besoin, le bois et les fruits. On a plusieurs moyens pour opérer le bassinage ; le plus facile est une pompe à main, ou seringue à jet continu, qui chasse l'eau en fumée. Quand les parties

endommagées sont bien humectées, on les poudre en dessus et en dessous avec de la fleur de soufre, au moyen d'un soufflet fabriqué à cet usage, et que l'on trouve, à Paris, chez MM. Arnheiter, place Saint-Germain-des-Prés, 9, près l'église, et Groulon, rue Saint-Jacques, 244.

401. On renouvelle cette opération tant que le besoin s'en fait sentir, et toujours dans un intervalle de trois à quatre jours.

§ 3. — *Des principaux insectes nuisibles aux arbres fruitiers.*

a. Le puceron.

402. Ces hémiptères épuisent l'arbre sur lequel ils se portent ; ils encombrent les feuilles et les bourgeons, piquent avec leur trompe l'épiderme de ces organes, et les dessèchent par l'absorption de la séve qu'ils contiennent : si l'on n'apporte de prompts remèdes, l'arbre ne tarde pas à dépérir.

403. Il faut d'abord en écraser le plus grand nombre possible, puis pratiquer deux ou trois fois par jour des injections de tabac assez chaudes, sans cependant s'exposer à brûler le parenchyme des feuilles.

404. Voici la manière de faire cette composition : mettez dans une marmite 150 grammes de tabac et 8 litres d'eau, faites-les bouillir pendant une heure, et, lorsque le tout sera assez refroidi pour ne pas causer l'inconvénient que j'ai signalé, prenez votre pompe à main, et faites les injections ; ce moyen fera disparaître le puceron, et la végétation continuera de nouveau son cours.

b. La fourmi.

405. Non-seulement la fourmi butine les sécrétions des pucerons qui l'attirent, mais elle s'attaque encore aux jeunes bourgeons et endommage les fruits. Il est bien facile de s'en débarrasser; il suffit de suspendre, aux branches des arbres, de petites fioles, assez larges cependant pour permettre à divers insectes d'aller s'y perdre; on les remplit à moitié d'eau miellée ou de jus de pruneau bien sucré qu'il faut renouveler lorsqu'il y aura nécessité, et on aura bientôt opéré sa destruction complète.

c. Kermès, cochenilles ou punaises.

406. Ces insectes attaquent principalement le pêcher; d'une petitesse presque imperceptible, ils se répandent par milliers sur l'écorce des branches, des bourgeons, et jusque sur les feuilles, dont ils absorbent les fluides vivifiants. On peut les apercevoir avant la végétation; il faut alors les brosser avec une brosse à chiendent, et les poursuivre jusque sur les murs. Quand on a négligé de le faire, il faut avoir soin de les écraser à l'époque de la végétation. Ce moyen de destruction a pu être insuffisant; on doit alors tailler ces arbres au mois de février, et enduire toutes les branches, ainsi que la surface du mur qu'elles occupent, d'une couche de chaux vive éteinte avec de l'eau.

407. Quand même il n'y aurait pas de punaises, il est très-bon d'employer ce chaulage, qu'on renouvelle tous les trois ou quatre ans; il éloigne et détruit à la fois beaucoup d'insectes.

d. Tigres et vero.

408. Il y a plusieurs variétés de tigres. Les uns s'attachent à l'écorce des arbres, avec laquelle ils se confondent : on peut cependant les distinguer par un point blanc comme une tigrure, et par les petites cavités que leur présence occasionne dans le bois; d'autres se portent sur les bourgeons, dont ils rongent le parenchyme.

409. Ces derniers sont connus sous le nom de grise. Ils se présentent alors sous la forme d'une petite punaise.

410. Le vero s'enveloppe dans les bourgeons, au sein d'une toile qu'il file; il faut l'écraser le matin et bassiner, plusieurs fois par jour, les feuilles attaquées, avec de l'eau dont le soleil a détruit la crudité. Ce moyen est inefficace pour le tigre à bois; il faut gratter les branches sur lesquelles il se trouve.

§ 4. — *Accidents occasionnés par les gelées.*

411. Lorsque la végétation commence, et à l'époque où les arbres sont en fleur, les gelées tardives du printemps peuvent avoir agi sur eux pendant la nuit.

412. Le matin, avant le lever du soleil, il faut les couvrir d'une toile ou d'un paillasson pour les préserver de ses rayons, et afin de les faire dégeler progressivement et par les seuls effets d'une température graduellement plus élevée; cette précaution empêchera la fleur de se noircir et de se dessécher. Quand on voudra découvrir, on choisira le moment où le soleil ne donne plus sur les arbres.

a. Moyens préservatifs.

413. Pour échapper aux effets de ces gelées tardives et des pluies froides presque aussi dangereuses, on a imaginé plusieurs expédients. Le premier, et le plus ancien, con-

siste, comme je viens de le dire, à couvrir d'une toile ou
d'un paillasson l'arbre que l'on veut préserver. Ce procédé
n'est pas sans inconvénient; d'abord il prive l'arbre de lumière et d'air, et par conséquent occasionne l'étiolement
de ses fleurs, qui souvent tombent sans nouer. On peut, il
est vrai, amoindrir ces funestes effets en ayant soin de découvrir pendant le jour ; mais alors les frottements successifs, que nécessiterait cette opération, pourraient détacher
un assez grand nombre de boutons à fleur; on a donc
trouvé un moyen aussi simple et plus commode.

414. On scelle, dans le chaperon du mur, des supports
en fer ou en bois, à 1 mètre de distance ou environ, et présentant une saillie de 65 centimètres, un peu en pente. On
y place des paillassons construits sur deux traverses en treillage, par panneau de 1 à 2 mètres, et on les assujettit avec
des fils de fer pour que le vent ne les dérange pas. Ce procédé remplit parfaitement le but qu'on se propose, car
l'expérience a démontré que, pour ces arbres, les gelées
n'étaient à craindre qu'autant qu'il n'existait pas d'abri
entre eux et le ciel, et que l'air qui vient par devant et sur
les côtés n'était nullement à redouter. Cependant dans le
cas d'un froid plus vif, il est prudent de suspendre des toi-
les et des paillassons au bout des supports.

§ 5. — *Moyens de conserver les fruits.*

415. On conserve les fruits, en les cueillant, dans un
fruitier. Il faut qu'un fruitier soit préservé des gelées, sans
qu'on ait besoin, pour cela, d'avoir recours au feu. On peut
le placer en bas ou en haut d'un bâtiment; mais alors il est
nécessaire qu'il soit préservé des trop grandes chaleurs; on
peut le mettre également dans un cellier ou dans une cave,

pourvu qu'il se trouve sans humidité et qu'il présente ces conditions. Si cependant il y avait de l'humidité, on pourrait l'assainir en enlevant une couche de terre de 15 à 20 centimètres, que l'on remplacerait par du mâchefer.

416. L'exposition qu'il préfère est le nord. Il faut alors que les murs soient d'une bonne épaisseur, pour empêcher les gelées de pénétrer à l'intérieur, seulement avec la protection des paillassons devant les fenêtres.

417. La raison qui rend cette exposition préférable à celle du midi, c'est que, pendant certaines années chaudes, cette dernière exposition peut faire monter la température à un degré trop élevé, ce qui est contraire à la conservation des fruits, auxquels il faut toujours une température égale, qui doit être, en moyenne, de 8 à 10° Réaumur, en hiver comme en été.

Il n'y aurait pas d'inconvénient que le thermomètre descendît plus bas, sans cependant arriver à zéro; il ne faudrait pas non plus qu'il s'élevât au delà de 12°. On ne devra jamais permettre aux brouillards de pénétrer dans un fruitier; leur action malsaine est très-nuisible aux fruits, qu'il faut tenir très-secs pour qu'ils aient une longue conservation.

418. Une autre raison qui rend l'exposition du nord préférable, c'est que l'on peut toujours trouver un moyen pour combattre le froid, et qu'on ne saurait jamais se mettre en garde contre la chaleur.

419. Si l'on ne pouvait se procurer un local dans cette exposition, il faudrait que celui qu'on prendrait eût des ouvertures vers le nord préférablement, ou à l'ouest, afin de pouvoir combattre la chaleur en donnant de l'air, et maintenant une température convenable.

420. Un fruitier doit être garni de tablettes dans son

pourtour, soutenues par le moyen de supports. S'il est vaste, on en établira aussi au centre. Ces tablettes doivent avoir une distance entre elles de **25** à **30** centimètres, être de la même profondeur, avec une pente légère en devant, afin de permettre de voir les fruits placés au fond.

Le devant des tablettes doit être garni d'un petit rebord de **4** à **5** centimètres de hauteur, pour empêcher les fruits de tomber.

a. Cueillette des fruits.

421. La cueillette des fruits à noyau doit se faire à l'époque de leur maturité; il faut, au contraire, ne jamais attendre cette époque pour les pommes et les poires, qui mûrissent l'été, car alors elles auraient perdu la moitié de leur qualité. Il faut avoir soin de les cueillir quinze jours avant leur entière maturité; elles se conserveront plus longtemps et seront plus succulentes. On cueillera les fruits d'automne au commencement de septembre, et ceux d'hiver de la fin de septembre au **15** octobre. Les fruits de conserve ne devront pas être placés dans le fruitier aussitôt après la cueillette. On les déposera pendant plusieurs jours dans un local aéré, les uns à côté des autres, afin de laisser évaporer l'odeur produite par leur transpiration ; alors on les placera dans le fruitier, également les uns à côté des autres, en ayant soin de n'y mettre que ceux qui seront très-sains, sans nulle apparence de meurtrissure, autrement ils ne tarderaient pas à entraîner la perte de leurs voisins.

422. En général, on ne doit faire la cueillette que par un beau temps et lorsque les fruits sont très-secs. Ce n'est qu'avec de grandes précautions qu'on les déposera dans les paniers, et ensuite sur les tablettes du fruitier, afin de leur éviter des plaies et des contusions, qui sont autant d'obstacles à leur conservation.

423. La grande propreté d'un fruitier est un des moyens de conservation ; s'il produit de la poussière sur les fruits, il faudra bien se garder de l'enlever lors du nettoyage, car elle sert merveilleusement à une longue conservation.

424. On ne doit pas ignorer qu'il faut une surveillance incessante sur les fruits, afin de retirer ceux qui se gâtent, se tachent et produisent des exhalaisons fatales à la conservation des autres.

§ 6. — *Manière de traiter les arbres épuisés par la vieillesse.*

425. Lorsqu'un arbre, selon le cours de la nature, est arrivé à la dernière période de son existence, à la décrépitude (et le pêcher plus communément), une partie de sa charpente ne recevant plus de fluides nutritifs languit et s'avance rapidement dans un état de dépérissement. Il ne faut pas songer alors à le maintenir dans sa forme régulière, et toute restauration est impossible. On doit donc se contenter de supprimer les branches mortes et de faire fructifier aussi longtemps que possible celles que la séve alimente encore. Lorsque les fruits auront perdu de leur maturité et de leur saveur, on l'arrache et on songe à son remplacement ; mais alors il ne faut pas oublier de renouveler la terre épuisée par une autre convenablement disposée, et dans une assez grande étendue.

LISTE

DES VARIÉTÉS LES MEILLEURES ET LES PLUS MÉRITANTES D'ARBRES FRUITIERS CONNUS AUJOURD'HUI, AVEC L'INDICATION DE LA FORME ET DE L'EXPOSITION A LEUR DONNER.

---

426. HAUTES TIGES POUR JARDINS FRUITIERS ET POTAGERS A SOUMETTRE A LA FORME EN VASE.

Abricotiers.

Abricot-pêche de Nancy.
— royal.
Gros albergier de Tours.
De Versailles.
Petit précoce.

Amandiers.

A coque tendre.
Princesse ou des dames.

Cerisiers.

Angleterre hâtive.
De Choisy.
Du Nord.
Griotte tardive.
Elton.
Montmorency à longue queue.
— courte queue.
Reine Hortense.
Royal chéryduk.
Bigarreau de Hollande.
— Napoléon.
— précoce de Lyon.
Guigne de la Rochelle.

Poiriers.

Beurré magnifique ou Diel.
— d'Amanlis.
— Chaumontel.
Bon-chrétien d'Espagne.
— de Rance.
— William.
Catillac.
Cuisse-madame.
Curé ou belle de Berry.
Duchesse d'Angoulème.
Doyenné Saint-Michel.
Louise bonne d'Avranches.
Martin sec.
Madeleine ou citron des Carmes.
Messire Jean doré.
Gros rousselet.

Pommiers.

Api rose.
Belle Dubois.
— Joséphine ou ménagère.
Calville blanc d'hiver à côtes.
Châtaignier.

Court-pendu.

Drap d'or.

Pigeon de Rouen.

Rambour d'hiver.

— d'été.

Reinette franche.

— de Caux.

— du Canada.

— grise de Champagne.

— grosse d'Angleterre.

— jaune hâtive.

— — doré.

Pruniers.

Prune-abricot rouge.

Bolmer Washington.

Coë golden drop.

Damas de Tours.

Fellemberg.

Gros surpasse-Monsieur.

Montfort.

Monsieur hâtif.

Mirabelle double de Metz.

— jaune petite.

Noire ou Saint-Jean hâtive.

Quetsche d'Italie.

Reine-Claude monstrueuse de
Bavay.

— violette tardive.

— Doué ou verte bonne.

Sainte-Catherine.

Pêchers.

Pêche de vigne.

427. ARBRES FRUITIERS NON SOUMIS A LA TAILLE, POUR VERGERS
ET QUINCONCES, DANS LES BASSES-COURS ET LES PRAIRIES.

*Châtaigniers, marronniers
comestibles.*

Châtaignier de Nantes.

— de Lyon.

Marronnier de Turin.

— de Lyon.

— du Luc.

Cognassiers.

Cognassier du Portugal.

— de la Chine.

Néflier.

A très-gros fruit.

Noyers.

Madeleine hâtive.

A coque tendre.

A gros fruit de jauge.

Mûriers.

A fruit noir.

— blanc.

— rouge du Canada.

Cormier comestible.

Cormier à fruit (sorbus domes-
tica).

Cornouillers comestibles.

A fruit rouge.

— blanc.

Poiriers à cidre.

Poire de Carisie.
— de cirolier.

Pommiers à cidre.

Pommier de Barbarie.

Pommier Basset.
— petit jaunet.
— roquet.
— bedeau.
— rambour doux.

428. VARIÉTÉS A FORMER EN PYRAMIDE.

Abricotiers.

Abricot royal.
Gros angoumois.
Petit précoce.
Gros albergier de Tours.

Cerisiers.

Angleterre hâtive.
Royale tardive.
Courte queue de Provence.
Gros fruit blanc.
Elton.
Reine Hortense.
Royal chéryduk.
Bigarreau Napoléon.
Guigne blanche.

Poiriers.

Angélique de Bordeaux.
Beurré aurore ou capiaumont.
— Picquery.
— d'Aremberg.
— magnifique ou Diel.
— d'Amanlis.
Besi de la Motte.
Belle et bonne d'Ezée.
— de Bruxelles.

Bon-chrétien William.
— de Rance.
— Napoléon.
Bergamote d'été.
— lucrative.
— Pentecôte ou doyenné d'hiver.
Bonne de Malines.
Colmar d'Aremberg.
Cuisse-madame.
Chartreuse monstre.
Curé ou belle de Berry.
Délices d'Hardenpont.
— de Jodoigne.
Doyenné Boussock.
— d'été.
— Sieulle.
— gris supérieur.
— Goubault.
Double passe-Colmar.
Duchesse d'Angoulême.
Fondante de Malines.
Frédéric de Wurtemberg.
Jalousie de Fontenay.
Orpheline d'Enghien.
Louise bonne d'Avranches.
Léon Leclerc Van Mons.
Marie-Louise Delcourt.

Madeleine ou citron des Carmes.
Napoléon d'automne.
— d'hiver.
Passe-Colmar doré.
Reine des poires.
Soldat laboureur.
Sylvange.
Triomphe de Louvain.

Pommiers.

Api rose.
Belle Dubois.
Calville blanc d'hiver à côtes.
Gros papa.
Petit pigeon de Rouen.
Reinette franche.
— de Caux.
— du Canada.

Belle dorée.
— grise de Champagne.
— grosse d'Angleterre.

Pruniers.

Prune-abricot rouge
Bolmer Washington.
Coë golden drop.
Prune de la Saint-Martin.
Fellemberg.
Gros surpasse-Monsieur.
Monsieur hâtif.
Montfort.
Pound's seedling.
Reine-Claude.
— violette.
— dorée ou verte bonne.
Saint-Jean, noire hâtive.

429. VARIÉTÉS A METTRE SOUS DIVERSES FORMES EN ESPALIER.

Abricotiers.

Abricot-pêche, ou de Nancy.
— petit précoce.

Cerisiers.

Angleterre hâtive.
Royale tardive.
Indule précoce, ou de mai.
Cerise du Nord.

Poiriers

dont les fruits de médiocre qualité en plein air sont de première qualité en espalier.

Beurré gris d'hiver nouveau.
— d'Aremberg.
— gris ou doré d'automne.

Belle angevine ou royale d'Angleterre.
Bon-chrétien d'hiver.
— d'Espagne.
— d'été.
— turc.
— d'Auch.
Bergamote de Pâques.
Colmar Nelis.
— d'hiver ou poire manne.
Crassane d'hiver.
Royale d'hiver.
Rousselet de Reims.
Saint-Germain gris.
— doré.
Triomphe de Jodoigne.

Pruniers.

Monsieur hâtif.

Reine-Claude dorée ou verte bonne.

— violette.

— monstrueuse de Bavay.

Pêchers.

Brugnon rouge.

Brugnon violet.
Belle bausse.
Bourdine.
Chevreuse tardive.
Galande noire.
Grosse mignonne hâtive.
Madeleine rouge.
Malte, ou belle de Paris.
Teton-de-Vénus.

430. BASSES TIGES. — VARIÉTÉS A SOUMETTRE A LA FORME EN VASE, PRINCIPALEMENT PARMI LES POMMIERS SUR PARADIS ET SUR DOUÇAIN.

Pommiers.

Api rose.
Belle Dubois.
— du Havre.
— Joséphine ou ménagère.
Calville blanc d'hiver à côtes.
— d'été.
— rouge d'été.
— . — d'hiver.
Drap d'or.
Fenouillet gris.
Gros papa.
Monstrueuse de Bergoff.
Pigeon de Rouen.
Passe-pomme ou Madeleine.
Pomme des quatre goûts.
Rambour d'hiver.
— d'été.
Reinette franche blanche.
— grise.
— de Caux.
— du Canada grosse.

Reinette dorée.
— grosse d'Angleterre.
— royale   id.
Saint-Sauveur.

Poiriers.

Beurré d'Aremberg.
— magnifique ou Diel.
— d'Amanlis.
Belle de Bruxelles.
Bon-chrétien William.
— Napoléon.
Bergamote de la Pentecôte , ou doyenné d'hiver.
Colmar d'Aremberg.
Cuisse-madame (elle fait mal en pyramide, cette forme lui plaît mieux).
Curé, ou belle de Berry.
Doyenné d'été.
Duchesse d'Angoulême.
Léon Leclerc Van Mons.
Louise bonne d'Avranches.

Madeleine, ou citron des Carmes.

Groseilliers à grappe.

A fruit rouge ordinaire.
— blanc.
Gondouin à fruit rouge.
— blanc.
Queen Victoria.
A très-gros fruit, dit cerise rouge.
Cassis à fruit noir.
— jaune.

Groseilliers à maquereau.

Les variétés qui donnent les fruits les plus beaux et les plus méritants sont celles dites anglaises; il s'en trouve un trop grand nombre pour que je puisse les détailler toutes ici (voyez mon catalogue général). Voici seulement les variétés les plus remarquables :

Angler
Sally-Painter.
Green.
Husbandmann.
China-orange.
Chorister.
Iron monger.
Golden drop.
Bunker's hill.
Lion orange.
Invincible.
Blood good.
Trafalgar.
Croown rod
Roock wood.
Echo.

431. VARIÉTÉS DE VIGNE POUR ÊTRE CONDUITES EN PALMETTE OU EN CORDONS HORIZONTAUX.

Chasselas de Fontainebleau.
— blanc.
— de Bar-sur-Aube.
— musqué.
— gros coulard.
— à fruit rose.
— Napoléon.
Frankenthal.
Gromier du Cantal.

Madeleine blanche de Bordeaux.
— noire hâtive.
Maroc blanc.
— violet.
Muscat blanc.
— rose.
— rouge d'Alexandrie.
Saint-Bernard hâtif.
Ribier du Maroc.

432. TAILLES PARTICULIÈRES.

Framboisiers.

A gros fruit rouge du Chili.
Rouge à petit fruit.
Jaune à gros fruit.
Perpétuel des quatre saisons à
gros fruit.
Falstoff seedling.
Merveille des quatre saisons.

Figuiers.

A gros fruit blanc rond.
Grosse superfine de la Saussaye.
Marbrée.

Noisetiers.

Noisette rouge.

— blanche.
— franche ou commune.
— à fruit et à feuilles pour
près.
Avelinier à fruit rond.
— — long.

Fraisiers.

Ananas.
Des quatre saisons sans filet.
Princesse royale.
Capron royal.
Elton.
British queen.
Queen's seedling.
Prince Louis-Napoléon.

Je n'ai mentionné sur cette liste d'arbres fruitiers que les
variétés supérieures de chaque genre. (*Voir* mon catalogue
général pour le complément des variétés et des nouveautés,
catalogue que j'adresserai franco à toutes les personnes qui me
le demanderont par lettre affranchie.)

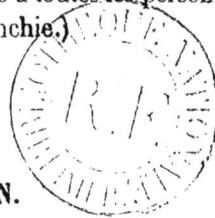

FIN.

Explication des figures gravées dans l'ouvrage.

Pl. Ire.

Fig. 1. Poirier de pépinière qui n'a pas reçu de pincement.
2. Première taille sur un poirier non pincé.
3. Entaille et incisions.
4. Végétation et ébourgeonnement sur la première taille.
5. Poirier pincé en pépinière.
6. Première taille sur le précédent.
7. Végétation et ébourgeonnement sur la taille précédente.
8. Deuxième taille sur un poirier en pyramide.
9. Conséquence de cette taille.
10. Première taille, poirier en palmette simple.
11. Suites de cette première taille, ébourgeonnement et palissage en vert.
12. Deuxième taille, poirier en palmette simple.
13. Troisième taille.
14. Quatrième taille en palmette simple et deuxième des crochets et branches fruitières.
15. Poirier en palmette simple à branches alternes horizontales, non taillé.
16. Poirier en palmette simple à branches alternes obliques, moitié taillé.
17. Poirier en palmette simple à branches horizontales, côté taillé, avec greffe en couchage sur la branche la plus inférieure.
18. Palmette double, première taille.
19. Résultats et palissage de cette première taille.
20. Ébourgeonnement et palissage en vert sur la deuxième taille, palmette double.
21. Palmette double, quatrième taille.
22. Arbre présentant des exemples d'arcure.
23. Palmette double, cinquième taille.

Pl. II.

24. Palmette double à branches obliques, côté non taillé.
25. Palmette double à branches horizontales, moitié taillée et moitié non taillée.
26. Palmette double à branches obliques, côté non taillé.
27. Poirier, forme en éventail.
28. Pêcher, première opération.
29. Pêcher qui a poussé régulièrement, première taille.

9

30. Pêcher qui a poussé régulièrement, deuxième taille.
31. Pêcher qui a poussé irrégulièrement sur la deuxième taille.

Pl. III.

33. Pêcher, forme carrée complète.

Pl. IV.

34. Pêcher palissé sur treillage, moitié taillé, moitié non taillé.
35. Branche à fruit du pêcher à boutons simples.
36.   —   —   doubles.
37.   —   —   triples.
38.   —   à bouquet.
39. Pêcher en éventail.

Pl. V.

32. Pêcher irrégulier.
40. Forme en vase, basse tige.
41.   —   haute tige.
42.
42 *bis.*
43.
43 *bis.*
44.   Vignes en palmette; les *bis* sont taillées, pa-
44 *bis.*   lissées sur des montants seulement.
45.
45 *bis.*
46.
46 *bis.*
47.
47 *bis.*
48.
48 *bis.*   Vignes en cordons horizontaux ou à la Tho-
49.   mery; les *bis* sont taillées, palissées sur
49 *bis.*   treillage en bois.
50.
50 *bis.*
51.
51 *bis.*

TABLE ALPHABÉTIQUE DES MATIÈRES.

NOTA. Les chiffres indiquent les pages.

Abricotier, 7.

Accidents occasionnés par les gelées, 117.

Amandier comestible à fruit doux, 12.

Arbres. Distances auxquelles on doit les planter, 7 ; — observations sur chaque espèce, *ibid.* ; — choix des, 15 ; — fruitiers auxquels peuvent s'appliquer les formes décrites dans l'ouvrage, 81 ; — conservation et entretien des, 111 ; — épuisés par la vieillesse, moyens de les traiter, 121 ; — liste des meilleurs pour tous les emplois, 122.

Arcure, 36.

Arrosements, 112.

Branches à bois, taille des, 23.

Branche à fruit à boutons simples, 27 ; — à boutons doubles, *ibid.* ; — à boutons triples, 28 ; — à bouquet, *ibid.*

Branches fruitières, taille des, 24.

Brindilles, 26.

Cassement, 33.

Cerisier, 8.

Châtaignier, 12, 110.

Cloque, 112.

Cochenilles, 116.

Cognassiers du Portugal et de la Chine, 12, 110.

Cormier, 13, 110.

Corne, 25.

Cornouiller, 13, 110.

Coupe de branches et rameaux, 30.

Cueillette des fruits, 120.

Culture du sol, 111.

Dard, 25.

Dépalissage, 30.

Éborgnage, 33.

Ébourgeonnement, 38.

Effeuillement, 44.

Entailles, 34.

Époque de la taille, 29.

Espaliers, exposition pour les, 16.

Éventail pour poirier, 77 ; — pour pêcher, 98.

Explication des figures, 129.

Figuier, 13 ; — taille, 109.

Forme carrée, 83 ; — forme à la Thomery pour la vigne, 106.

Fourmis, 116.

Fraisier, 15.

Framboisier, 13 ; — taille, 109.

Fruits. Suppression des, 44 ; — conservation des, 118 ; — cueillette des, 120.

Fumures, 112.

Gomme ou glu, 113.

Greffes (des), 17 ; — en écusson à œil dormant, 18 ; — en fente à œil poussant, 20 ; — en couronne, 21 ; — en couchage, *ibid.*

Groseilliers à grappe et épineux, 14 ; — taille, 108.

Incisions, 34.

Insectes nuisibles, 115.

Instruments propres à la taille, 29.

Introduction, v.

Kermès, 116.

Lambourde, voyez Corne.

Liste des meilleures variétés d'arbres fruitiers, 122 ; — pour hautes tiges, en vase, *ibid.* ;— pour vergers et quinconces, 123 ; —pour former en pyramides, 124 ;—pour espalier, 125 ; — pour basses tiges en vase, 126 ;—pour tailles particulières, 128.

Maladies des arbres, 112.

Marronnier, 12, 110.

Meunier, voyez Blanc.

Moyens de conserver les fruits, 118.

Moyens de traiter les arbres épuisés par la vieillesse, 121.

Mûriers à fruits blanc et rouge, 14, 110.

Néflier, 14, 110.

Noisetier, 13, 110.

Noyer, 14, 110.

Oidium Tuckeri, 114.

Opérations d'hiver, 30 ; — d'été, 37.

Ouverture des trous, 5.

Palissage, 31 ; — en vert, 41.

Palmette simple, 60; — palmette double renversée, 71; — pour la vigne, 103.

Pêcher, 9 ; — sous la forme carrée, 83 ; — en éventail, 98.

Pincement, 39.

Piochages, 111.

Poirier, 10 ; — en pyramide à branches alternes latérales, 45 ; — en pyramide à branches en couronne, 59 ; — en palmette simple, 60 ; — en palmette double, 71; — en éventail, 77 ; — en vase, 78 ; — à cidre, 110.

Pommier, 10, 81; — à cidre, 110.

Prunier, 11, 81.

Puceron, 115.

Punaises, 116.

Pyramide à branches latérales alternes, 45 ; — sur des arbres non pincés en pépinière, 46 ; — sur des arbres pincés en pépinière, 49 ; — à branches en couronne, 59.

Rapprochement, 36.

Ravalement, 37.

Recepage, 37.

Taille proprement dite, 23 ; — des branches à bois, *ibid.* ;— des branches fruitières, 24 ; — époque de la, 29 ; — instruments pour la, 29 ; — en vert, 43.

Tigres, 116.

Torsion, 42.

Trous, ouverture des, 5.

Vase, formation en, 78.

Vero, 116.

Vigne, 14, 101 ;—en palmette, 103; — à la Thomery, 106 ; —liste des meilleures variétés pour palmette et thomery, 127.

Vocabulaire des termes relatifs à la taille, 1.

TABLE DES MATIÈRES

CONTENUES DANS CE VOLUME.

	Pages.
INTRODUCTION.	V
VOCABULAIRE, par ordre alphabétique, des termes relatifs à la taille.	1
CHAPITRE PREMIER. Connaissances préliminaires. Plantation et greffes.	5
§ 1. Ouverture des trous.	ibid.
§ 2. Des distances auxquelles on doit planter les arbres.	7
§ 3. Observations particulières à chaque espèce d'arbres fruitiers.	ibid.
1. Abricotier.	ibid.
2. Cerisier.	8
3. Pêcher.	9
4. Poirier.	10
5. Pommier.	ibid.
6. Prunier.	11
7. Amandier comestible à fruit doux.	12
8. Châtaignier, marronnier comestibles.	ibid.
9. Cognassiers comestibles du Portugal et de la Chine.	ibid.
10. Figuier.	13
11. Cormier, cornouiller, noisetier.	ibid.
12. Framboisier.	ibid.
13. Groseilliers à grappe et épineux.	14
14. Mûriers à fruits blanc et rouge.	ibid.
15. Néflier.	ibid.
16. Noyer.	ibid.
17. Vigne à Raisins de table.	ibid.
18. Fraisier.	15
§ 4. Du choix des arbres et de l'exposition pour les espaliers.	ibid.
1. Choix des arbres.	ibid.
2. De l'exposition pour les espaliers.	16
§ 5. Des greffes.	17
1. Greffe en écusson à œil dormant.	18
2. Greffe en fente à œil poussant.	20
2. Greffe en couronne.	21
4. Greffe en couchage.	ibid.
CHAPITRE II. Principes généraux de la taille.	23
§ 1. Taille proprement dite.	ibid.
1. Taille des branches à bois.	ibid.
2. Taille des branches fruitières.	24
3. Époque de la taille.	29
4. Instruments propres à la taille.	ibid.
§ 2. Opérations d'hiver.	30
1. Dépalissage.	ibid.

Pages.

2. Coupe des branches et rameaux. 30
3. Palissage. 31
4. Éborgnage. 33
5. Cassement. . . . . *ibid.*
6. Incisions et entailles. 34
7. Arcure. 36
8. Rapprochement. . . . . *ibid.*
9. Ravalement. 37
10. Recepage. . . . . *ibid.*
§ 3. Opérations d'été. . . . . *ibid.*
1. Ébourgeonnement. 38
2. Pincement. 39
3. Palissage. 41
4. Torsion. 42
5. Taille en vert. 43
6. Suppression des fruits. 44
7. Effeuillement. . . . . *ibid.*
CHAPITRE III. Application pratique des principes précédents. . 45
Section 1re. Du poirier. . . . . *ibid.*
§ 1. Formation en pyramide. . . . . *ibid.*
1. Pyramide à branches latérales. . . . . *ibid.*
A. Sur des arbres qui n'ont subi aucun pincement en pépinière. 46
a. Première taille. . . . . *ibid.*
b. Deuxième taille. 47
B. Sur des arbres qui ont été pincés en pépinière. . . . 49
a. Première taille. . . . . *ibid.*
b. Pincements et ébourgeonnements à la suite de la première taille. 50
c. Deuxième taille. 53
d. Pincements et ébourgeonnements à la suite de la
deuxième taille. 57
e. Troisième taille et suivantes. . . . . *ibid.*
g. Pincements à la suite de la troisième taille. . . . 58
2. Pyramide à branches en couronne. 59
§ 2. Formation en palmette simple. 60
A. Première taille. . . . . *ibid.*
a. Ebourgeonnement et palissage en vert. . . . . . *ibid.*
B. Deuxième taille. 61
a. Palissage en sec. 62
b. Ebourgeonnement, pincement et palissage en vert. . *ibid.*
C. Troisième taille. 63
a. Première taille des crochets et des branches fruitières. 64
b. Palissage en sec sur la troisième taille et les suivantes. *ibid.*
c. Pincement sur les branches fruitières et les crochets. 65
d. Ebourgeonnement et palissage en vert. . . . . . *ibid.*
D. Quatrième taille. . . . . *ibid.*
a. Deuxième taille des crochets et des branches fruitières. 66
b. Ebourgeonnement sur les branches latérales. . . . 67
c. Pincement et palissage en vert. . . . . *ibid.*
E. Cinquième taille. 69
a. Troisième taille et suivantes des branches fruitières
et des crochets. 70
F. Direction et palissage des palmettes simples et doubles

Pages.

arrivées à leur entier développement. 70
§ 3. Formation d'un poirier en palmette double renversée. . 71
    A. Première taille. . . . . *ibid.*
    B. Deuxième taille. 72
      a. Palissage en sec. 73
      b. Ebourgeonnement et palissage en vert. . . . . *ibid.*
    C. Troisième taille. 74
      a. Palissage en sec. . . . . *ibid.*
      b. Ebourgeonnement et palissage en vert. . . . . *ibid.*
      c. Pincement, palissage et ébourgeonnement sur les
        branches latérales. 75
    D. Quatrième taille. . . . . *ibid.*
      a. Première taille des branches fruitières et des crochets. *ibid.*
      b. Palissage en sec. 76
      c. Pincement et ébourgeonnement. . . . . . . *ibid.*
      d. Palissage en vert. . . . . *ibid.*
    E. Cinquième taille et suivantes. . . . . *ibid.*
§ 3 *bis.* Formation en éventail. 77
§ 4. Formation en vase. 78
    A. Première taille. 79
    B. Deuxième taille et suivantes. . . . . *ibid.*
§ 5. Arbres fruitiers auxquels peuvent s'appliquer les formes
    précédentes. 81
Section 2. Du pêcher. 83
§ 1. De la forme carrée. . . . . *ibid.*
    A. Première taille. 84
    B. Deuxième taille. 86
    C. Troisième taille. 87
    D. Quatrième taille. 89
    E. Cinquième taille. 91
    F. Sixième taille. 92
    G. Septième taille. 94
    H. Soins à donner au pêcher carré après sa formation. . 96
§ 2. Taille du pêcher en éventail. 98
      a. Première taille. 99
      b. Deuxième taille. . . . . *ibid.*
      c. Troisième taille. . . . . *ibid.*
      d. Quatrième taille. . . . . *ibid.*
      e. Cinquième taille. 100
      f. Sixième taille. . . . . *ibid.*
Section III. De la vigne. 101
    1. Préparation des murs. . . . . *ibid.*
    2. Plantation. 102
    3. Taille de la vigne. 103
    A. Forme en palmette. . . . . *ibid.*
    1. Première taille. 104
    2. Ebourgeonnement sur la première taille. . . . . *ibid.*
    3. Palissage en vert sur la première taille. . . . . *ibid.*
    4. Deuxième taille. 105
      Première taille des coursons. . . . . *ibid.*
      Deuxième taille et suivantes des coursons. . . . *ibid.*
    B. Forme dite en cordons horizontaux ou à la Thomery. . 106
Section IV. Taille des arbres fruitiers de différentes natures. 108

Pages.

A. Groseilliers à grappe et à maquereau. 108
B. Framboisiers. 109
C. Figuiers. . . . . *ibid.*
D. Châtaigniers, marronniers comestibles, cognassiers, cormiers, cornouillers, mûriers, néfliers, noyers, poiriers et pommiers à cidre. 110
E. Noisetiers. . . . . *ibid.*

CHAPITRE IV. Conservation et entretien des arbres fruitiers. . 111
§ 1. Culture du sol. . . . . *ibid.*
  a. Piochages. . . . . *ibid.*
  b. Fumures et arrosements. 112
§ 2. Maladies des arbres fruitiers. . . . . *ibid.*
  a. Cloque. . . . . *ibid.*
  b. Gomme ou glu. 113
  c. Blanc ou meunier. . . . . *ibid.*
  d. Maladie de la vigne (*oidium Tuckeri*). . . . 114
§ 3. Principaux insectes nuisibles aux arbres fruitiers. . . 115
  a. Puceron. . . . . *ibid.*
  b. Fourmi. 116
  c. Kermès, cochenilles ou punaises. . . . . . *ibid.*
  d. Tigres et vero. . . . . *ibid.*
§ 4. Accidents occasionnés par les gelées. 117
  a. Moyens préservatifs. . . . . *ibid.*
§ 5. Moyens de conserver les fruits. 118
  a. Cueillette des fruits. 120
§ 6. Manière de traiter les arbres épuisés de vieillesse. . 121
Liste des variétés les meilleures et les plus méritantes d'arbres fruitiers connus aujourd'hui, avec l'indication de la forme et de l'exposition à leur donner. 122

Errata.

Page 27, ligne 21, Y, pl. 4, *fig.* 36, lisez *fig.*, 85.
Page 27, ligne 28, Z, — 37, lisez *fig.* 36.
Page 28, ligne 2, — 38, lisez *fig.* 37.
Page 28, ligne 8, — 39, lisez *fig.* 38.
Page 40, ligne 15, après *qu'ils se rencontrent*, ajoutez *Pl. II,*
  fig. 31.
Page 77, § 3, lisez § 3 *bis.*
Page 85, ligne 4, *fig.* 33, lisez *Pl. V, fig.* 32.
Page 101, ligne 27, *Pl.* 28, lisez *Pl. V, fig.* 47 à 51.
Page 102, ligne 6, *Pl.* 27, lisez *Pl. 5, fig.* 42 à 46.

IMP. DE MADAME VEUVE BOUCHARD-HUZARD, RUE DE L'ÉPERON, 5.

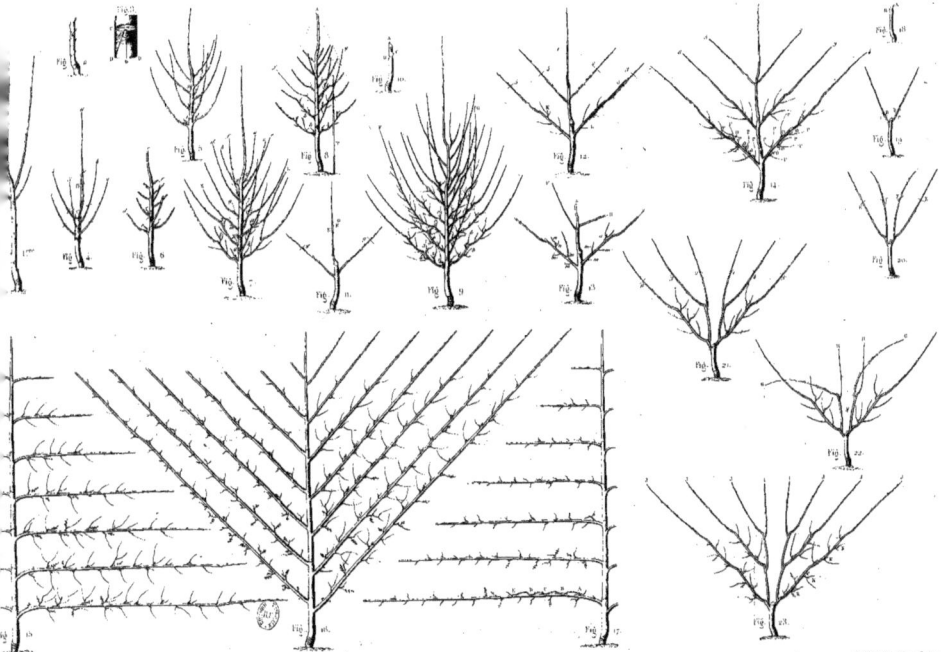

Pl.1.

Instructions dedese fruitieres.

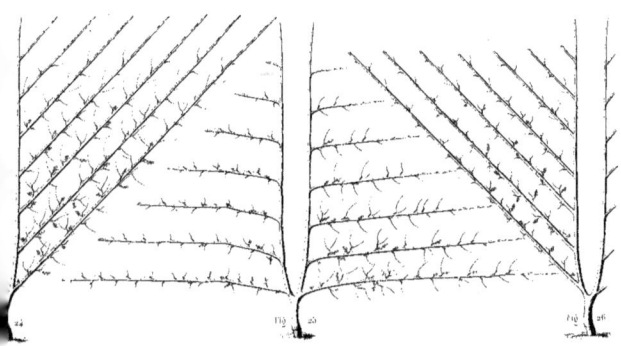

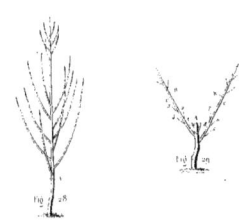

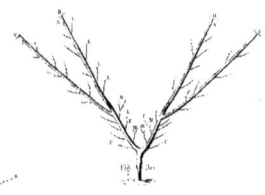

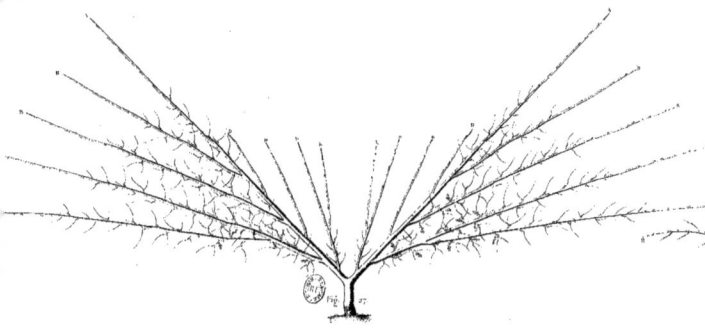

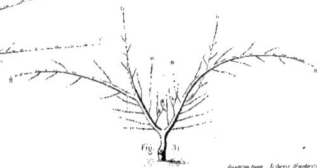

Pl. II

Fig. 24

Fig. 25

Fig. 26

Fig. 28

Fig. 29

Fig. 30

Fig. 27

Fig. 31

Pl. IV

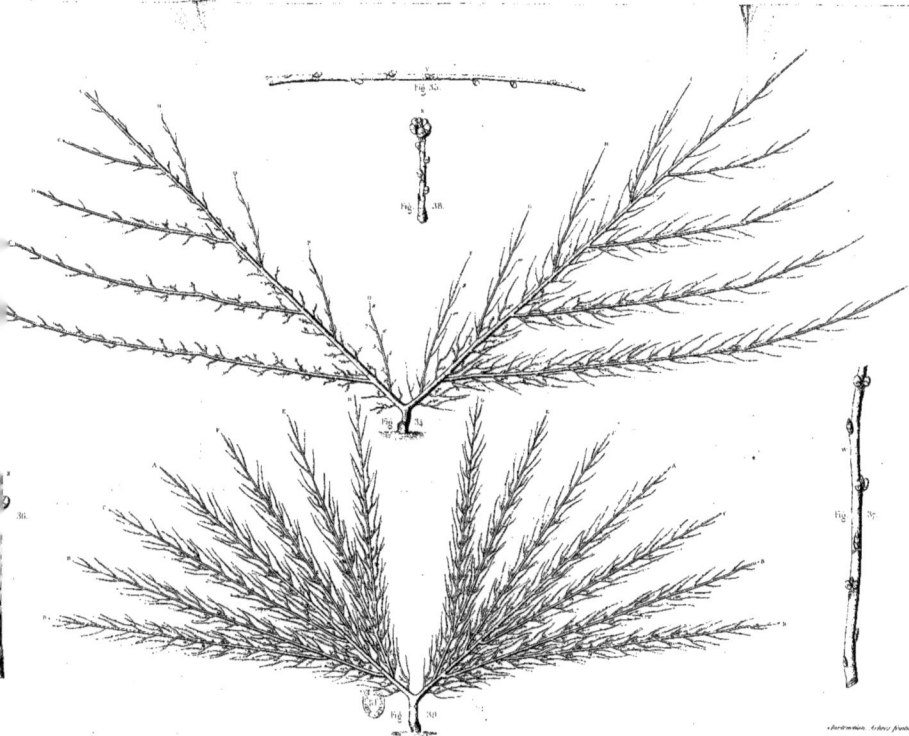

Fig. 35.

Fig. 38.

Fig. 34.

Fig. 37.

Fig. 36.

Fig. 39.

Sarcomenia. Schnee feutrées.

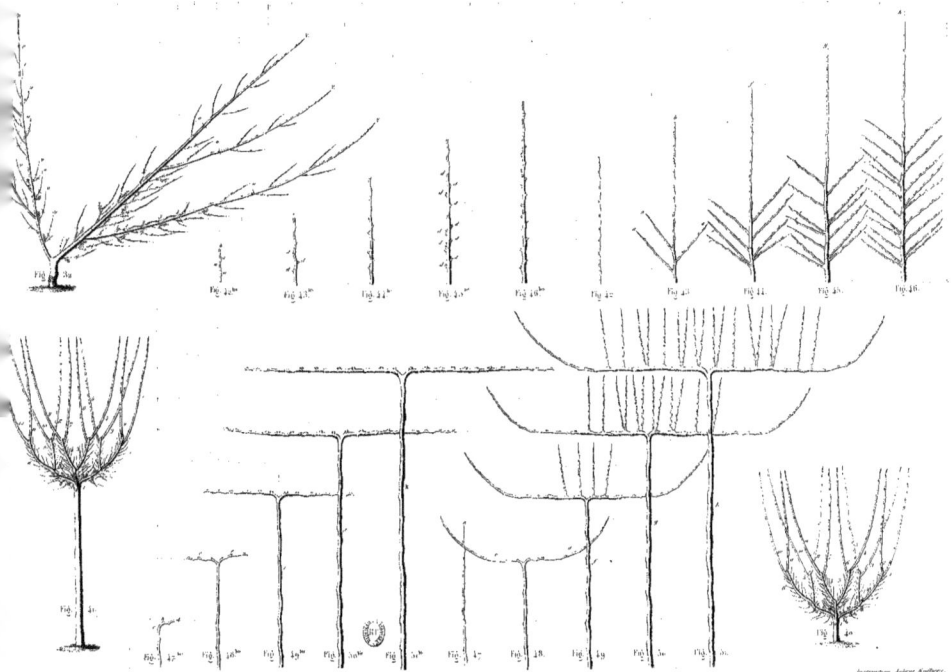

Pl. V.

Fig. 3a.

Fig. 42bis. Fig. 43bis. Fig. 44bis. Fig. 45bis. Fig. 46bis. Fig. 42. Fig. 43. Fig. 44. Fig. 45. Fig. 46.

Fig. 3b.

Fig. 42a. Fig. 46bis. Fig. 45bis. Fig. 50bis. Fig. 50bis. Fig. 47. Fig. 48. Fig. 49. Fig. 50. Fig. 51. Fig. 4a.

Imprimerie Lebère frêtres.

www.ingramcontent.com/pod-product-compliance
Lightning Source LLC
Chambersburg PA
CBHW060805110426
42739CB00032BA/2830